La Chronique des

Roys de France, Et des cas memorables aduenuz depuis Pharamond, iusques au Roy Henry second du nom, selon l'ordre du temps & supputation des ans cõtinuez, iusques en l'an mil cinq centz cinquante & vn.

Catalogue des Papes, Depuis S. Pierre iusques à Iulles, tiers du nom.

Catalogue des Empereurs, puis Octouian Cesar, iusques à Charles d'Austriche, v. du nom.

Auec Priuilege.

On les vend à Rouen, par Martin le mesgissier, Libraire tenant sa boutique au hault des degrez du Palais.

1551.

Ex Bibliotheca Conventus et Noso comii Regalis S. Joannis Baptistæ, Religiosorum Pacificorum à charitate nuncupatorum, ordinis S. Joannis de Deo, sub Regula Sancti Augustini. 1757.

De par la Court de parlement.

LA court à permis à Martin le mesgissier Libraire, demourant en ceste ville de Rouen, de faire Imprimer le liure intitulé la Chronique des Roys de France, puis Pharamond iusques au Roy Henry a present. Et que deffences soient faictes à tous autres de l'imprimer iusques à deux ans du iourdhuy, sur peine de confiscation desdictz liures, & amende arbitraire. Faict en parlement le dixhuictieme iour d'Auril aprez Pasques, cinq cens cinquante & vn.

L'IMPRIMEVR.

Oyez Lecteur aduerty, que celuy qui a traduict ceste Chronique, ne sçauoit point que l'Autheur, mesmes, qui vous est assez congneu, encores qu'il n'ait iamais voulu y estre nõmé & intitulé, l'eust premierement en son original composée Francoyse, & en prou de choses d'autre façon & opinion qu'elle ne vous est icy representée. & de laquelle auroit esté extraict & pris le Latin, accommodé & approprié à l'hystoire de Paul Aimile, & continué seulement iusques au temps du feu Roy Francoys. Tout le reste que vous y trouuerez plus qu'en la Latine, y a esté adiousté par l'interpreteur, sans le seu & consentement, voire oultre le gré du premier Maistre, qui ne veit oncq c'est oeuure, qu'il ne feust imprimé iusques enuiron les faitz du Roy Loys vnzieme. Nous sommes certes bien marrys de ne l'auoir plus tost entendu, & obtenu de luy sa vraye cede, pour la vous raporter entiere, & en sa vraye maturité. Depuis douze ou treze ans, que estant fort ieune, l'Autheur l'escriuit sans cuyder qu'elle deust seruir à personne autre, ne venir en euidence, ses affaires domestiques, & autres, l'ont retenu qu'il n'a oncques sçeu prendre ce loysir de la reuoir & corriger: auec ce que pour la difficulté de tãt de lignes, & entrelassemés d'annees le premier Imprimeur y auroit biẽ erré. Et lors estoit l'Autheur aydé seulemẽt des hystoires communes & vulgaires, la plus part fabuleuses & mensongieres, qui en les suyuãt luy auroyẽt faict faire plusieurs faultes, lesquelles apres il a recongneues, & espere amender pour cõmodité plus grande qu'il a de present d'vn bon nõbre d'extraictz, chartres, monumens, & anciennetez authẽtiques, que par le tẽps & diligẽce depuis il a peu recueillir & voir, aussi auec meilleure cõgnoissance d'affaires que l'aage doit auoir gaigné. Et cõme il auoit regreẽt qu'elle fust si tost venue en lumiere par la premiere impression, & onc puis n'a voulu y toucher par tant de fois qu'elle a esté reimprimée Latine. encor luy faschoit maintenãt d'auãtage y mettre la main, iusques à ce que tout d'vn coup il l'adoubast en bon essiẽt, & en tel ordre qu'il a deliberé la laisser, ce qu'il espere faire de brief, & le plus tost qu'il luy sera possible, auec le bõ desir qu'il a de traicter celle du feu roy, & de noz iours, que plusieurs ont pauuremẽt encõmancée. Parquoy Lecteur, nostre faulte du moins vous aura vallu de l'aduãcer d'y vaquer, ce que peult estre sans ceste publication il n'e ust si tost faict, ce pẽdant aussi vous pourrez vous grãdemẽt seruir de ceste cy, la plus succincte &

A ii

certaine, toute telle qu'elle est, que piece des autres, que nous auõs à la grand honte de nostre pays si miserablement & negligemment escriptes. I'ay voulu vous faire sçauoir ce que dessus, & pour ne faire tort au proprietaire du liure: & pour ne vous abuser en rien de chose que ie sache: aussi pour vous communiquer l'esperance que i'ay de le vous rend e la premiere fois plus parfaict, continuant tousiours de mieulx en mieulx, si tandy ie congnois que ce petit patron seul vous aggrée.

Brizeneurs

LES NOMS DES
Roys de France.

DE Pharamõd, premier Roy de Frãce. Fueillet premier.
Clodion le Cheuelu, deuxieme. Fueillet. i.
Meronée, troisieme. Fueil. ii.
Childeric, quatrieme. Fueil. ii.
Clouis, premier Roy Chrestien. 5. Fueil. iii.
Childebert, 6. Fueil. vi.
Clotaire, seul, 7 Fueil. viii.
Cherebert ou Aribert, 8. Fueil. ix.
Chilperic, 9. Fueil. ix.
Clotaire, deuxieme, 10. Fueil. x.
Dagobert, vnzieme. Fueil. xii.
Clouis, deuxieme, 12. Fueil. xv.
Clotaire, troisieme du nom, 13. Fueil. xvi.
Childeric, deuxieme du nom, 14. Fueil. xvii.
Theodoric, premier, 15. Fueil. xvii.
Clouis, troisieme, 16. Fueil. xviii.
Childebert, deuxieme, 17. Fueil. xix.
Dagobert, deuxieme, 18. Fueil. xx.
Chilperic, deuxieme, 19. Fueillet. xx.
Charles Martel, Prince des Francoys. Fueil. xxi.
Theodoric Cala, 20. Fueillet. xxi.
Childeric, l'incensé. 21. Fueil. xxii.
Pepin le Bref, 22. Fueil. xxiii.
Charlemaigne, 23. Fueil. xxiii.
Charlemaigne, Empereur. Fueil. xxv.
Loys Debonnaire, Empereur, Roy, 24. Fueil. xxvi.
Charles le Chauue, 25. Fueil. xxvii.
Loys le Begue, Empereur, & Roy, 26. Fueil. xxix.
Loys & Carloman, 27. Roys. Fueil. xxx.
Charles le Gros, Empereur, & Roy, 28. Fueil. xxx.
Eude, vingtneuiefme. Fueil. xxx.
Charles le Simple, filz de Loys le Begue, 30. Fueil. xxxi.

Raoul de Bourgongne, 31. Fueil. xxxii.
Loys d'oultre mer, quatrieme, 32. Fueil. xxxiii.
Lothaire, troisieme, 33. Fueil. xxxiiii.
Loys, cinqieme, 34. Fueil. xxxv.
Hue Capet, premier de nation Francoyse, 35. Fueil. xxxv.
Robert, seul, 37. Fueil. xxxvi.
Henry, 37. Fueil. xxxviii.
Philippe, 38. Fueil. xxxix.
Loys le Gros, 39. Fueil. xlii.
Loys le Ieune, 40. Fueil. xlv.
Philippe Auguste, 41. Fueil. xlviii.
Loys, Pere de sainct Loys, 41. Fueil. liii.
Sainct Loys, 43. Fueil. liii.
Philippe, filz de sainct Loys, 44. Fueil. lix.
Philippe le Bel, 45. Fueil. lxi.
Loys Hutin, Roy de France & de Nauarre, 46. Fueil. lxv.
Philippe le Long, 47. Fueil. lxv.
Charles le Bel, Roy de France & de Nauarre, 48. Fueil. lxvi.
Philippe de Valloys, 49. Fueil. lxvii.
Iehan, premier du nom, 50. Fueil. lxxi.
Charles le Quint, surnommé le Sage, 51. Fueil. lxxiiii.
Charles, sixieme, 52. Fueil. lxxvii.
Charles, septieme, 53. Fueil. lxxx.
Loys vnzieme, 54. Fueil. lxxxix.
Charles huyctieme, 55. Fueil. xciiii.
Loys, douzieme du nom, 56. Fueil. xcvi.
Francoys, premier du nom, 57. Fueil. xcix.
Henry, deuxieme du nom, 58. Fueil. cv.
Le Catalogue des Papes. Fueil. cvii.
Le Catalogue des Empereurs. Fueil. cxv.

LA maison de France, sortie de la nobleſſe Germanique vint droiſſer vn Royaume es Gaules: & ſe monſtra de ſi grand coeur, & gentile vertu, qu'il ne s'eſt rencõtré peuple en toute la terre, qu'elle n'ait auec grande ferocité brauement cherché par armes, ou eſtant aſſaillie, n'ait auec treſgrand honneur repoulſé. Car elle conquiſt les Gaules, côtre leſquelles, en guerres tant terribles, non ſeulement pour la gloire, ains pour la neceſſité & la vie tout le monde auoit eu fort à faire. Et la premiere entierement a commandé à ſon pays, & toute la Germanie, que les Rommains, n'aucun Empire treſpuiſſant, oncques ne ſceurent renger: à peine qu'ilz euſſent totalement forcée & vaincue. Ainſi nul auoit au parauant mis a feu & à ſang ce pays la, qui ne ſe trouue encores iuſques à preſent en ſubiection que de la lignee de France. D'auantage, il ny'a gueres en Europe ſi noble & floriſſant Royaume, ne Seigneurie (comme d'ancienneté chaſcun s'eſtimoit des Troyens) qui ne tire ſon ſang des Françoys, & qui ne ſe vante des fleurs de Lys. Ie laiſſe de propos deliberé les vieulx Roys, que Hunibauld & les autres racõptent, ne voulant rien mettre par eſcrit qui ne ſoit enregiſtré, & verifié par monumens antiques, & par hyſtoires approuuées & nõ corrompues. I'ay auſſi principallement prins peine, & trauaillé grandement, à ce que ie peuſſe les choſes qui ſe trainoyent iuſques icy broillées & confuſes en grands & infiniz volumes, vieilles fables & menſonges, maintenant rendre en lu-

miere, rediger en brief, & ordre certain, & le plus au
vray qu'il est possible, Or les François, regiz au
precedent par Gouuerneurs, ou petitz Roys
si vous les voulez ainsi nommer, eurent leur premier appa-
rent, & seul
Roy
Pharamond.

Dixain.

L'Homme deuient par laps de temps expert
Qui sans auoir attainct l'ancien aage
Tousiours demeure en affaire inexpert
Mais qui vouldra auoir cest aduantage
De paruenir en bref temps docte & sage
Reduise en soy les gestes de memore
Qui sont descriptz en ceste bresue hystoire
Et il aura par la seule lecture
De ce liuret cest grand honneur & gloire
Vieil par scauoir, & ieune de nature.

Chronique des Roys de France. Fueil.i.

Ans de Iesus Christ	Ans du regne.		Ans du monde
420	1	**Pharamond, premier Roy de France, a regné, xi. ans.**	4381
421	2	Soubz luy commencerent les Francoys à	4382
422	3	vser de loix, en eslisant sus eulx quatre no	4383
423	4	bles de leurs gês pour iuger leurs differés.	4384
424	5	En ce têps fut faicte la loy Salique.	4385
425	6	S. Hierosme rendit l'esprit en Bethleem	4386
426	7	en son aage de quatre vingtz vnze ans, le	4387
427	8	dernier iour de Septembre.	4388
428	9	Le concile d'Ephese côtre Nestorien &	4389
429	10	les Pelagiês, soubz le Pape Celestin. 1. et	4390
430	11	xlv en lordre. En iceluy an le Pape commença principalement a regner.	4391
431	1	**Clodion le Cheuelu. ii. Roy, dixhuict ans.**	4392
432	2	Il fut dict le Cheuelu, par ce qu'il por	4393
433	3	toit longue cheuelure. En son temps &	4394
434	4	regne il subiuga les Thuringiens. Puis	4395

Honoré Empereur
Zozime Pape
Boniface 1.er Pape

a

Chroniques des Roys

Ans de Iesus Christ	Ans du regne.		Ans du monde.
435	5	vint à grand' armee deuant Cambray & la print à force, & eut bataille contre les Rommains sus la riuiere du Rhin,	4396
436	6	& les desconfit. Aprez passa ladicte riuiere & la forest de la Charbôniere, & print la cité de Tournay.	4397
437	7	S. Augustin Euesque d'Hyponese, mourut le 28. d'Aoust, le quarantieme an	4398
438	8	de son Pontificat, & le lxxvi. an de son aage.	4399
439	9		4400
440	10	Sainct Germain Euesque d'Auxerre. Iehan Damascene, & Orose l'historien.	4401
441	11	En ce temps cômença fort d'abaisser la puissance des Rommains en Gaule.	4402
442	12	Enuiron ce temps Clodion vint en Frâce & continua la guerre ausdictz royaumes voysins, & conquist sus eulx tous les pays de Bourgongne, Tholose, Angoulesme, & toute Aquitaine : & a prez ordonna que les Françoys portassent lôgue cheuelure, en signe de plaine liberté, contre le Decret de l'Empereur Cesar : lequel aprez la conqueste faicte du pays de Gaule auoit ordonné qu'ilz portassent petitz cheueulx en signe de seruitude. La premiere edification de Bude, cité de Hongrie.	4403
443	13		4404
444	14		4405
445	15		4406
446	16		4407
447	17		4408
448	18		4409
449	1	Meronee, iij. Roy. x. ans.	4410
450	2		4411

de France.　　　　Fueil. ii.

Ans de Iesus Christ	Ans du regne		Ans du monde.
451	3	Attila, Roy des Huns, marchant par la Germanie, acompaigné de cinq cens mil hommes, ruina plusieurs villes. Finablement aprez auoir couroru vne grande partie de la Gaule, il assiegea Orleans.	4412
452	4	Sainct Aignan, Euesque d'Orleans.	4413
453	5	Sainct Loup, Euesque de Troyes. Sainct Nicaise martyr, Archeuesque de Reims. Tout ce qu'on list de saincte Vrsule & des vnze mil Vierges martyres est aduenu en ce temps. Incontinent que Attila eut leué le siege de deuāt la ville d'Orleans Etius lieutenant de l'Empereur és Gaules, luy liure la bataille és champs Cathaloniques: Auec lequel se vindrent ioindre Meronee, Roy des Frācoys, auec son filz Childeric, & Theodoric, roy des Vvisigotz, auec son filz Thorismundus. En ceste bataille furent occis d'vne part & d'autre cēt iiij.xx. mil hōmes, puissans, & experimentez au faict de la guerre. Theodoric aussi y mourut.	4414
454	6	Attila vaincu, euada, neātmoins par la negligence d'Etius, & s'enfuit en Hongrie. Thorismundus succeda à son pere le Roy des Vvisigotz.	4415
455	7.	L'an precedant (ou selon aucuns l'an. iiij. cens. lii. & mesmes selon Sigisbert) fut le.iiij. Concile general en Calcidoine.	4416
456	8	Le commencemēs de la ville de Venise selon aucuns 4 2 2.	4417
457	9	S. Geneuiefue, vierge Parisienne.	4418
458	10		4419

Chroniques des Roys.

Ans de sus Christ	Ans du regne.		Ans du monde.
459	1	**Childeric, quatrieme Roy, vingt & six ans.**	4420
460	2		4421
461	3	Childeric Roy impudique, & adonné à tout genre de luxure, apres auoir vexé son peuple de tributz, par aucun temps, pour entretenir son orgueil, & signamment sa paillardise, finablement fut chassé par son insolence, receuant le loyer de sa folie Gillon vn Citoyen Rommain, qui estoit gouuerneur de Soissons, succeda en son lieu par l'espace de viij ans Quand il apperceut qu'ilz luy vouloyēt courir sus,	4422
462	4	il demanda conseil a vn sien Baron & amy familier, nommé Guynemault, qui luy conseilla qu'il s'euadast, & donnast lieu a l'ire des Francoys. A ceste cause Childeric s'en alla a Metz, & se retira deuers Basin, Roy de Thuringe, à present nommee Lorraine, qui le receut honnestement & entreteint amyablement. Auant le partement dudict Childeric, ledict Guynemault luy promist que s'il pouuoit, il appaiseroit l'ire des Francoys, & le feroit rappeler, & partit vn an-	4423
463	5		4424
464	6		4425
465	7		4426
466	8		4427
467	9		4428
468	10	neau d'or en deux parties & en bailla la moytie a Childeric, & luy dist que quād il luy enuoyeroit l'autre moytié de l'anneau qu'il retournast hardiment, & que ce seroit signe de sa reconciliation.	4429
469	11	Le Roy, par la menee & diligence de	4430

de France. Fueil.iii.

Ans de Ie sus Christ	Ans du regne.		Ans du monde.
		son tres fidele amy Guynemault est rappelle en son royaume. Au deuant duquel il alla iusques a Bar, auec grand' compaignie de Gentilz hommes Francoys. Basine femme de Basin, Roy de Thuringe, delaisse son mary pour suyure Childeric.	
470	12		4431
471	13	Iceluy Childeric, depuis qu'il fut rappellé se gouuerna bien & sagement. &	4432
472	14	fut vaillant & cheualeureux, car tantost apres son retour il alla auec grand' com	4433
473	15	paignie de Francoys apres ledict Gillon, son ennemy qui auoit vsurpé, & encores	4434
474	16	s'efforçoit tenir le royaume par force, & le suyuit iusques a la cité de Coulongne & l'assiegea.	4435
475	17	Coulongne assaillie & prise par le Roy, & l'armée de Gillon desconfite.	4436
476	18	Ledict Gillon eschappa & s'enfuit iusques a Treues, ou ledict Childeric l'alla	4437
477	19	de rechef assieger, & print ladite cité a force, & occist grand nombre de ses gens: mais ledict Gillon encores eschappa, & s'en vint retraire en la cité de Soissons, ou il se tint iusques a son trespas.	4438
478	20	Les Anglois sortis de leur isle, lors appellee Albion, maintenant Angleterre & cerchans nouueaux sieges, s'efforcent chasser de leurs fins & limites, par armes les Poicteuins, Angeuins, Manceaux & Angoulmois Et penetrerent iusques	4439

a iii

Cronique des Roys

Ans de Ie-sus Christ	Ans du regne.		Ans du monde.
479	21	en Aquitaine, laquelle lors occupoyent	4440
480	22	les Vvisigothz. Childeric print & brusla cité d'Angiers & tua Paul, lequel estoit Rommain, & en estoit Seigneur, & eslargit fort son royaume, car il conquist Orleans, & tout le pays le long de Loyre iusques à Angiers.	4441
481	23	Gillon, decedé: le filz duquel nōmé Sya-	4442
482	24	grius, tenāt le lieu de son pere à Soissons, affecte le royaume de France.	4443
483	25		4444
484	26	Il a regné .xxx. ans selon Paul Emile.	4445
485	1	**Clouis v. premier Roy Chrestien. xxx. ans.** Clouis espousa Clotilde, qui estoit de Bourgongne, & Chrestienne.	4446
486	2	Enuirō ce tēps Fulgētius, Euesque & do-	4447
487	3	cteur, Boece Poete & Philosophe floris-	4448
488	4	soyēt. Merlin Prophete de la grād Bret-	4449
489	5	Syagrius expulsé par ceulx de Soissons s'enfuyt à Tholose vers Alaric, Roy des Vvisigoth, qui le rēdit au Roy Clouis: lequel le feit mettre a mort. Par ainsi les Rōmains expulsez, & meurtris en Frāce, cesserent d'exercer leur puissance & domination audict royaume.	4450
490	6		4451
491	7		4452
492	8	La Royne Clotilde tache par tous moyē faire chrestienner le Roy son mary, mais	4453

de France. Fueil.iiii.

Ans de Iesus Christ	Ans du regne.		Ans du monde.
483	9	elle n'en peult venir à chef.	4454
494	10		4455
495	11	Clouis subiugue Thuringe.	4456
496	12	Depuis la riuiere du Rhin iusques a la riuiere de Seine, il a amplifié son royaume, & estend ses fins & limites iusques a la riuiere de Loyre.	4457
497	13		4458
498	14	Il prend par force le chastel de Melun, sur Seine,	4459
499	15	La Royne Clotilde auoit fort & long temps trauaillé pour conuertir le Roy son mary a la foy de Iesus Christ, ce qu'elle n'auoit iamais peu faire. Aduint toutesfois (Dieu ainsi le permettãt) en vne guerre qu'il faisoit a Toul, vers les Vbiens, cõtre les Allemans, qu'esmeu de la grandeur du peril ou il estoit, & aussi d'vne defiance qu'il auoit de ses Idoles, que soubdain feit veu d'estre Chrestien. Ce faict, & leur Roy occis en ladicte bataille, eut la victoire, & rendit toute l'Allemaigne tributaire a luy. Au retour de la guerre la Royne Clotilde, pour luy gratifier, a cause de la victoire, alla au deuant de luy iusques a Reims : ou il fut baptisé par S. Remy, Archeuesque dudict lieu, & receut la loy de Iesus Christ.	4460
500	16	Lantielde, la sœur du Roy, se conuertit de l'heresie Arrienne, partie en faueur de Thierry, Roy d'Italie, lequel auoit enuoyé Ambassades au Roy Clouis, ce temps pendant qu'il estoit en vn Concile Ecclesiastique qu'il faisoit	4461

a iiii

Chronique des Roys

Ans de le sur Christ	Ans du regne.		Ans du monde.
		tenir à Orleans, partie aussi a raison de la religion Chrestienne, nouuellement receue. Clouis descharge les Allemans des gros tributs, des dures & pesantes loix qu'il leur auoit imposees lors de la victoire qu'il auoit obtenue contre eulx. Aucuns ont escript que ce Concile d'Orleans fut tenu l'an. v. c. xij.	
501	17	Le commencement de la guerre contre Alaric Roy des Vvisigotz, de laquelle sourdirent grandes & aspres inimitiez entre les vns & les autres Princes, & le peuple. Gondebault, Roy de Bourgongne & oncle de Clotilde, apres que par l'instigation de Theodore, il se fut efforcé de mettre d'accord Alaric auec Clouis, cõme si en ce faisant il eust plus fauorisé à l'autre, Clouis le despouille de la moytié dudict royaume de Bourgongne, par l'impulsion & enhortemẽt de son puisné frere Odesillus: auquel il bailla ladicte moytié. Et vn bien peu apres, Odesillus fut circonuenu de sondict frere trahistre, & finablement par luy assiegé & mis à mort. A raison dequoy Clouis ayãt plus grãde occasion contre ledict Gondebault, le poursuyt auec grand' compaignie de gẽdarmerie, tant & si bien qu'il luy fait quiter le royaume & le pays.	4462
502	18		4463
503	19		4464
504	20	Enuiron ce tẽps & depuis que le Roy Clouis eut prins la foy de Iesus Christ, le	4465

Ans de Iesus Christ	Ans du regne.		Ans du monde.
505	21	royaume de France ne cessa d'augmenter	4466
506	22	& l'Empire de Constantinoble de dimi-	4467
507	23	nuer.	4468
508	24		4469
509	25	Deuant Poitiers en vn camp nommé	4470

Vogledin, le Roy Alaric & les Vuisigothz furẽt desconfitz. Les murs d'Angoulesme, qui venoient en ruyne & decadence, tomberent par terre deuãt Clouis qui vouloit assaillir la ville, on croit que ce soit miracle. De la il poursuyt ses ennemys iusques à Bordeaux. Theodore, Bastard du Roy Clouis, enuoyé deuãt en Aquitaine subiugue & mect en la suggession du Roy les Albigeois, les Rodetz, les Auuergnatz, les Tolosains, & le pays de Gascongne. Les Auuergnatz se rendirent tous les derniers au Roy encores fut ce apres qu'ilz veirent leur Duc Appolinaire mort, lequel estoit parent de l'Euesque Sidonius. Amaury filz d'Alaric, eschappa de la bataille, & s'enfuyt en Espaigne, & succeda a son pere. Le Roy apres auoir entendu la mort de Gondebault, rend ceste partie la de Bourgongne, qui est oultre la Saone, a Sigismond son filz, affin d'appaiser l'esprit de Theodore nauré pour raison de la mort d'Alaric son gendre, prĩt pour luy l'autre partie, qui est celle de deca la Saone. Le Roy tenoit pour lors presque toutes les Gaulles & toute l'Allemaigne soubz sa puissance

Ans de Iesus Christ	Ans du regne.		Ans du monde.
510	29	Clouis desconfit Raguiere, Duc de Châbray & d'Artoys, auec ses freres, & toute sa famille, par ce qu'il se disoit vray heritier du royaume. Clouis baille faulce monnoye, pour bonne, aux traihistres domestiques dudict Raguiere, pour l'auoir li uré en ses mains. Clouis reçoit de l'Empereur Anastaise le tiltre & honneur de Patrice & de Consul, auec vne couronne d'or, enrichie de plusieurs pierres precieuses & riches, laquelle il renuoya a Romme offrir à l'eglise sainct Pierre.	4471
511	27	Theodoric enuoye le Comte Ilba, auec quatre vingtz mil hommes, pour secourir le Roy Amaury, filz d'Alaric, à ce qu'en vengeãce de la mort de son pere il poursuyue les Francoys, qui estoyent demourez en garnison en Aquitaine. En ce conflict furent tuez des Francoys vingt mil hômes, ou plus. Sigibert, gouuerneur de Coulongne, est mis a mort par vn meschant filz qu'il auoit: affin que plus tost il succedast à son pere. Duquel parricide le Roy feit la vengeance, & tresiustement en feit punir l'autheur. Chararic aussi & son filz furent puniz d'auoir mal parlé du Roy: la punition desquelz fut qu'on les contraignit de se faire moynes.	4472
512	28		4473
513	29		4474
514	30	Clouis fut enterré a Paris, en vne eglise qu'il auoit fait construire, en l'honneur de S. Pierre & S. Paul, maintenant est appellee l'eglise S. Geneuiefue du Mont.	4475

de France. Fueil.vi.

Ans de le sus Christ	Ans du regne.		Ans du monde.
515	1	**Childebert vi. Roy xlv. ans.**	4476
		Il departit le royaume auec ses freres. Luy demoura Roy de Paris, Clotaire de Soissons, Clodomires d'Orleans, Theodoric, Bastard, de Metz. Et incontinent apres ilz feirent paix auec Amaury, en luy baillant vne de leurs sœurs en mariage, nōmée Clotilde, & restituans les Tolosains. Tichilde leur autre sœur demoura vierge, & se rédit religieuse. Sigismōd le Roy de Bourgongne, met a mort son filz Sugerius, pour cōplaire à sa marastre.	
516	2	Clothilaire, roy des Dānoys, fut descōfit, par les Francoys, lesquelz il auoit assaillix	4477
517	3	par vne course naualle. Theodebert, filz de Theodoric retourne victorieux a son pere.	4478
518	4	Hermesfroy, Roy de Thuringe, ou Lorraine, occist son frere Bertere, & d'abon-	4479
519	5	dans, ne cesse iusques à ce qu'il en ait autant fait à son autre frere, nommé Balderic: A quoy faire appella à son ayde Theodoric, qu'il feit participāt du butin.	4480
520	6	Clodomires, Roy d'Orleans, prēd Sigismond, Roy de Bourgongne, en bataille, auec sa derniere femme & ses enfans, lesquelz il fait mettre à mort a Orleans. Gondemar, son frere, eschappé du conflict occupe le royaume de Bourgongne.	4481
521	7	Clodomires successeur du Roy de Bourgongne, se glorifiant en sa victoire, retourna en Bourgongne, pour poursuyure & destruyre Gondemar: duquel faignant	4482

Cronique des Roys

Ans de Ie- sus Christ	Ans du regne.		Ans du monde
		s'enfuir, fut enuironné, & en ce mesme conflict tué.	
522	8	Saincte Brigide vierge d'Escosse, fonda-	4483
523	9	trice de beaucoup de Conuents.	4484
524	10	Theodoric, voyant qu'Hermefroy ne luy bailloit point sa part du butin, qu'il luy auoit promis auec l'ayde de Clotaire, assault ledict Hermefroy, le surmonte, & le mect a mort. Et rend subiecte a luy toute la Lorraine. Clotaire prend en mariage Redegōde, captiue, fille de feu Bertere.	4485
525	11	Chilperic fait guerre contre Amaury, Roy d'Espaigne, & le tue: par ce que iceluy Amaury estant infecté de l'heresie Arrienne, laquelle auoit en horreur sa femme Clotilde, soeur du Roy de France, traictoit mal sadicte fēme: laquelle mourut en chemin, comme son frere la remenoit, & fut enserree à Paris auprez de son pere.	4486
526	12	Clotaire en haine de la mort de Clodomires son frere mect le siege deuāt Autun, & prend & emmeine la Royne de Bourgongne captiue. Gundemar, son mary, estant despouillé de toutes choses, s'enfuit en Espaigne, & de la (pour estre plus seurement) trauerse iusques en Affrique. Childebert & Clotaire partissent ensemble la Bourgongne, sans auoir esgard aux enfans de feu Clodomires.	4487
527	13		4488

de France. Fueil·vii.

Ans de Iesus Christ	Ans du regne		Ans du monde.
528	14	Pendant que Childebert Roy de Paris, estoit occupé a faire guerre en Espaigne, son frere Theodoric, Roy de Metz,	4489
529	15	print sur luy la cité de Cleremont, & plusieurs autres, qui estoient des limites du royaume.	4490
530	16	Les Francoys ostent la domination de toute la Gaule, au ieune Roy Atalaric, qu'auoit tenu son grand Pere Theodoric, Roy d'Italie. Amalasiunta, sa mere & tutrice, baille Prouence a Thiodebert, Roy de Metz.	4491
531	17	Clotaire aprez auoir tué de sa propre main deux ieunes nepueux qu'il auoit, Theodoric & Gontier, incontinent sortit de la ville de Paris. Sainct Cloud le plus ieune des troys, qui estoit eschappé, s'en alla rendre moyne. Clotilde leur ayeule, qui les auoit tousiours nourriz auec elle, aiant horreur de tel meschant acte, se retira a Tours. Cela faict toute la domination demoura a Childebert & a Clotaire: & commencerent a regner en France ensemblement.	4492
532	18	Ladicte Clotilde, auant que de soy reti	4493
533	19	rer en la ville de Tours feit recueillir le	4494
534	20	corps de ses petits enfans, & les feit en	4495
535	21	terrer en l'eglise de saincte Geneuiefue à Paris, auprez du feu Roy Clouis, leur grand pere.	4496
536	22	L'institution & creation du petit royaume d'Iuetot, vers Rouen, pour les	4497

Chronique des Roys

Ans de Ie-sus Christ.	Ans du regne.		Ans du monde
		bours de Gaultier d'Iuetot, lequel le Roy auoit tué de sa propre main dans l'eglise.	
537	23	Theodebert, Roy, de Metz, trespuissant.	4498
538	24		4499
539	25		4500
540	26	Les deux Roys ont suspicion l'vn contre l'autre. Childebert auec son nepueu Theodebert s'arme contre Clotaire, contre le vouloir de sa mere Clotilde: mais tout soubdain, au commencemēt de la bataille, par la volūté de Dieu, s'esleua si grād orage de temps, en vn village vers Orleans, nommé Cōbres, ou ilz batailloient, qu'ilz furent contrains de demourer a-mys.	4501
541	27	Theodebert entré en Italie par diuerses fois, en partie meu de sa propre volunté, en partie par le moyen de ses conducteurs: En quoy faisant il y experimente souuentes foys diuerse fortune, Des vns il emporte de bien grands butins & despouilles, aux autres il impose tributz.	4502
542	28	Childebert, auec son frere Clotaire, contraignent la ville de Sarragoce, en espaigne, de soy deporter de l'heresie d'Arriꝰ & de bellēt plusieurs villes d'Espaigne.	4503
543	29	Sainct Benoist mourut l'an cinq cens trente & huyct. En ce temps fut com-	4504
544	30	mencé le cinquieme general Concile, en la ville de Constantinoble, soubz le Pape Agapit.	4505
545	31	Enuiron ce mesme temps florissoient en	4506

de France. Fueil·viii.

Ans de Ie- sus Christ	Ans du regne		Ans du monde.
546	32	France sainct Medard, & sainct Gildard, freres, lesquelz nasquirent tous deux en vn mesme iour, & furent sacrez tous deux en vn iour, l'vn Euesque de Noyon, & l'autre Archeuesque de Roué, & trespasserēt en vn mesme iour.	4507
547	33		4508
548	34		4509
549	35	Priscian, Grāmairiē, & Arator, Poete.	4510
550	36	Thibault, Roy de Metz, aprez Theodebert.	4511
551	37	Enuiron ce tēps, c'est assauoir l'an cinq cens quarante deux, Childebert, par le conseil de sainct Germain, qui fut Euesque de Paris, fonda en l'hōneur de sainct Vincent l'Abbaye, laquelle est de present appellee sainct Germain des Prez, à cause dudict sainct Germain, qui y fut en terre. Il fonda semblablement l'Abbaye du mont sainct Michel, & sainct Germain de l'Auxerrois a Paris.	4512
552	38		4513
553	39		4514
554	40	La Royne Clotilde trespasse à Tours: le corps de laquelle fut porté à Paris.	4515
555	41		4516
556	42	Ceulx qui estoiēt demourez des Francoys en Italie, sont mis à mort. Thibault meurt sans enfans, & fait heritier de son royaume Clotaire, l'vn de ses oncles. Clotaire ayant entreprins vne grosse affaire cōtre les Sesnes & cōtre les Lorrains, d'vne cruaulté meēt tout a feu & à sang par ou il passe finalement audict negoce fut si enserré qu'il y cuyda demourer, & estre tué.	4517

Chronique des Roys

Ans de le sus Christ.	Ans du regne.		Ans du monde.
557	43	Saincte radegonde à Poitiers, est plus aggreable, & plus estimee enuers Dieu qu'enuers son mary.	4518
558	44		4519
559	45	Childebert meurt sans enfans, & est enterré en l'eglise de sainct Germain, qui est ioignant les murailles de la ville de Paris: laquelle il auoit edifiee & dediee au nom de sainct Vincent, à son retour d'Espaigne.	4520
560	1	**Clotaire, seul, septieme Roy, cinq ans.** Il veult prendre le tiers du reuenu de l'Eglise: mais l'Archeuesque de Tours luy contredict fort & franchemêt: en luy denonçant que le Roy seroit despouillé de son royaume s'il ostoit ou diminuoit le bien des pauures.	4521
561	2		4522
562	3		4523
563	4	Le Roy fait brusler son filz Cran, auec sa femme & ses enfans, & tout sa famille, apres l'auoir desconfit en guerre. Iceluy estoit desobeissant à son pere & rebelle, auoit fait beaucoup de mal en France, estant premierement incité à ce faire par son oncle Childebert. Puis apres estant soustenu de son beau pere le Duc d'Acquitaine. Finablemêt Cenabut, le Roy de Bretaigne le reçoit & deffend. Peu s'en fault que le Roy ne brusla ledict Duc d'Acquitaine. Il auoit fait occi-	4524

de France. Feuil.ix

Ans de Iesus christ.	Ans du regne.		Ans du monde.
		re le Roy de Bretaigne, vn peu de temps deuant qu'il eust faict mourir son filz.	
564	5	Le Roy trespasse a Compiegne, & est enterré en l'eglise de sainct Medard de Soissons, laquelle vn peu deuant sa mort il auoit commencee a edifier	4525
565	1	**Cherebert, autrement Aribert. viii. Roy. ix. ans.** A luy, aprez auoir diuisé auec ses freres l'heritage de son pere, escheut le Royaume de paris, à Chilperic celuy de Soissons lequel aprez auoir pris les thresors de son pere, auec grande force d'argent cuydoit attirer à luy & gaigner les Parisiens. Gontran fut Roy d'Orleans, & Sigibert, Roy de Metz. Aucuns disent que Aribert a peu vescu: par ce que celuy estant plus effeminé que la plus detrauee femme qu'on scauroit trouuer, passoit tout son temps en luxure & lubricité.	4526
566	2		4527
567	3	Sigibert defaict les Huns, qui estoient venux contre luy à grãd' puissance du costé de la Lorraine. Il y auoit tãt peu d'amytie entre les Roys Chilperic & Sigibert, qu'a toute occasion. tant petite fust elle, ilz assailloient l'vn l'autre en guerre. Aucunesfois faisoient ilz accord ensemble, mais il estoit simulé & fainct: affin que l'vn surprint l'autre, en ne se donnant pas de garde. Gontran ne tascheoit qu'a nourrir paix.	4528

b

Ans de Iesus Christ	Ans du regne.		Ans du monde.
568	4	Sigibert donne aux Sesnes, ou Bourguignons, pour habiter, les terres des Saxõs, qu'i z auoient laissees pour aller en Italie. Chilperic faict diuorce auec sa premiere femme, nommee Sordoree, & la repudie. D'elle il auoit eu trois enfans: Theodebert, Meronee, & Clouis: & cõtraignit sadicte femme entrer en religiõ en vn monastere du Mans.	4529
569	5	Sigibert espouse Brunechilde, fille d'Athanahilde, Roy d'Espaigne. Chilperic prẽd a femme Galsonde, l'autre fille dudict Athanathilde, laquelle ne pouuãt endurer Fredegonde, qui estoit follement aymée dudict Chilperic, fut trouuée morte au lict de sondict mary.	4530
570	6		4531
571	7		4532
572	8		4533
573	9		4534
574	1	**Chilperic, neufieme Roy. xiiii. ans.** Au commencement Chilperic ne tenoit pas tout le royaume, ne n'estoit le plus fort.	4535
575	2		4536
576	3	L'empereur d'Orient rend aux Francoys Prouence, pour laquelle ce pendant, que Gontran & Sigibert sont en different, les Lombars la pillent. Les freres sont en discord, touchant le royaume. Ce pendant que Sigibert est en Germanie, oultre le Rhin, occupé a disposer	4537

| Ans de Ie-|Ans du | | Ans du |
|sus Christ|regne. | | monde. |

| 577 | 4 | de ses affaires, Chilperic assault la ville de Reims, qui appartenoit a son frere, & court & gaste grand' partie de la Champaigne, & fait grand amastz de gens, & se prepare pour leuer la plus grosse armee qu'il pourra auec son filz Theodebert. Les Huns, aprez s'estre de rechef reuoltez en guerroyant contre Sigibert, demourerent presque victorieux: & ce a raison de quelques enchantemēs ou fantosmes, dequoy ilz vserent en la bataille: Au moyen de quoy ilz feirent vn grand traicté de paix, qui long temps deuoit durer auec Sigibert. Au retour du conflict Sigibert prend de force la ville de Soissons, & print pareillemēt Theo- | 4538 |
| 578 | 5 | debert, lequel aprez l'auoir fait iurer de ne prendre iamais les armes contre luy, soubdain le renuoya à Chilperic. Theodebert faulsa son serment par le commādement de son Pere: & en guerroyant contre son oncle y fut tué. Chilperic destitué d'esperance s'en alla auec sa femme à Tournay. Sigibert entre dedans la ville de Paris auec grande pompe, accompaigné de sa femme Brunechilde, ou il fut receu moult honnorablement.
Vn peu aprez Sigibert congnoissant auoir la faueur des Princes, & qu'il estoit plus aggreable que son frere, ayant en deliberation, non point seulement d'oster les biens de son frere, | 4539 |
| 579 | 6 | mais sa vie mesmes, fut tué par deux grandz satallites, que pour ce faire. | 4540 |

Chronique des Roys

Ans de Iesus Christ	Ans du regne		Ans du monde
		Fredegonde, la femme de Chilperic, enuoya. Quand Brunechilde, qui pour lors estoit a Paris, sceut la mort de son mary, soubdainement & secrettement enuoye son filz Childebert en Austrasie. De laquelle chose Chilperic idigne, aprez qu'il eust osté a ladicte Brunechilde toutes ses richesses, bagues, & ioyaux, qui estoient en grand nombre, auec seure garde l'enuoya en exil a Rouen.	
580	7	Meronee se marie a Rouen, auec Brunechilde, femme de son oncle, nagueres occis, ce approuuãt Pretexte, Archeuesque du lieu, lequel les espousa. Son pere Chilperic trouue moyen de le tirer hors de la, & de l'emmener auec luy: lequel incontinẽt aprez, par l'instigation de Fredegonde, sa marastre, le fait mettre en vn monastere.	4541
581	8		4542
582	9	Pretexte, Archeuesque de Rouen, par la persuasion de Fredegonde est enuoyé en exil de ce murmurãs les autres Euesques. Meronee est occis du Roy son pere. Brunechilde est renuoyee vers son filz en Lorraine.	4543
583	10		4544
584	11	Par le commandement de Fredegonde sa marastre, Clouis, le plus ieune des enfans du Roy, est mis a mort.	4545
585	12		4546
586	13		4547
587	14	Fredegonde auec son adultere Lãdry,	4548

Ans de Iesus Christ	Ans du regne.		Ans du monde
		Maire du Palays, font tuer & copper la gorge au Roy, à Cheles pres Paris, comme il retournoit au soir bien tard de la chasse. Son corps fut porté en l'eglise S. Germain, lez Paris, & illec enterré. Son filz Clotaire auoit lors quatre moys.	
588	1	## Clotaire, deuxieme, x. Roy. xliiii. ans. Gontran, son oncle, gouuerneur de Frāce, luy baille pour tuteur Landry, Maire du Palays, & voulut qu'il fust nourry auec sa mere Fredegonde.	4549
589	2	Encores l'an n'estoit point passé que Childebert, Roy de Metz, essayoit par armes d'auoir le gouuernement du royaume. Et quant & quant vouloit qu'on luy liurast Fredegonde, pour la punir des maulx par elle commis: ce qu'il ne sceut auoir. Gontran, affin de l'appaiser, l'adopta, & le feit son heritier. Gōdouault se simula quelque espace de temps estre filz du premier Clotaire, mais finablemēt fut descouuert & trahy par les siēs mesmes, & auec eulx puny. L'Empereur Maurice baille argent à Childebert, pour chasser les Lombars d'Italie: mais pour neant: car l'vne fois il estoit vaincu, l'autre fois il faisoit paix auec eulx. Que s'il aduenoit que quelque fois il demourast victorieux, eulx se retiroient es villes, chasteaux & forteresses, & s'y entretenoient aiseement. Pretexte, Archeuesque de Rouen, ra	4550

Chronique des Roys

Ans de Iesus Christ	Ans du regne		Ans du monde
		pelé d'exil, fut tué le iour de Pasques, en l'eglise, par la menee de Fredegonde. Ce sont icy les mutations qui se font du commencement du regne de Clotaire.	
590	3		4551
591	4		4552
592	5	Gregoire pape, surnommé le Grand, fut celuy qui premier se fist escrire seruiteur des seruiteurs de Iesus Christ.	4553
593	6		4554
594	7	Childebert en repudiãt Anthere, roy des Lombars, baille sa sœur en mariage à Richard, Roy des Vuisigothz. Anthere prend a femme la fille du Roy de Bauieres qui fut cause de la guerre entre les Francoys & ceux de Bauieres. Les vns disent que ce aduint l'an cinq cens quatre vingz & neuf.	4555
595	8	Childebert ordõne Tassil, roy de Bauiere	4556
596	9		4557
597	10	Gontran, le bon Roy trespasse: lequel par son testament constitue son heritier Childebert son nepueu.	4558
598	11	Childebert pert la bataille à Soissons, en laquelle y demouterẽt biẽ xx. mil hõmes. Lãdry. Maire du Palays, estoit chef de l'armée du Roy. En ceste guerre se trouua tousiours des premiers, Fredegonde, fẽmme audacieuse & courageuse, oultre le point: & portoit entre ses bras son enfant pour dõner courage aux gẽsdarmes.	4559
599	12		4560
600	13	Childebert & sa fẽme meurẽt tous deux	4561

de France   Fueil.xii.

Ans de Iesus Christ	Ans du regne.		Ans du monde.
		en vn iour, par poison, comme l'on estime. Brunechilde demoure tutrice aux deux enfans, Roys, scauoir est, a Theodebert de Lorraine, et a theodoric de bourgögne	
601	14	Cacanus, Roy des Huns, tasche a entrer par force en Austrasie, auquel Brunechilde persuade de s'en retourner en son pays, en luy donnāt argent. Fredegonde poursuiuoit en guerre les deux enfans de Childebert, qui estoient fort ieunes: icelle mourut au bout de l'an.	4562
602	15		4563
603	16		4564
604	17	France est toute opprimee de guerres, Theodebert & Theodoric, Roys, font vne grand' playe a Clotaire, a Sens: en sorte qu'il fut cōtrainct d'accepter d'eulx conditions de paix, fort iniques, & lesquelles il ne sceut entretenir.	4565
605	18		4566
606	19		4567
607	20	Theodebert, Roy de Metz & Theodoric, roy d'Orleās, asseblerent grād armee, & allerēt contre les Gascōs, qui s'estoiēt rebellez, & les subiuguerēt, & establirent sur eulx vn nommé Genault.	4568
608	21		4569
609	22		4570
610	23	Theodoric & Theodebert se pparēt de faire guerre l'vn a l'autre par le cōseil de Brunechilde, leur aieule: laquelle chassee d'Austrasie incitoit Theodoric a ce faire, & en cest instant par le moyen que Protadius, Maire du Palais, fut tué par vne mutinerie militaire de Bour-	4571

b iiii

Ans de Ie-sus Christ	Ans du regne.		Ans du monde.
		gaignons, Theodoric accorda la paix auec son frere.	
611	24		4572
612	25	De rechef est (à Estampes) vaincu Clotaire, tousiours entreprenant choses nouuelles, lequel pensant recouurir son honneur est plus affligé qu'au parauant, par Theodoric. Bertoault toutesfois, Lieutenant de l'armée de Theodebert d'Austraisie y mourut. On dict qu'en ces guerres icy, moururẽt plus de trente mil hommes. Diser, Euesque de Vienne, fut martirysé par Theodoric, & lapidé.	4573
613	26		4574
614	27	Sainct Columban est enuoyé en exil, par le Roy Theodoric, pource qu'il disoit que ses bastardz qu'il auoit eux de quelques ribauldes, ne succederoient iamais au royaume.	4575
615	28	Theodoric demande la paix auec son frere, craignant Clotaire, & les autres Roys estrangiers. c'est assauoir d'Espaigne & de Lombardie, qui luy vouloient moult de mal : & lesquelz assembloient leurs puissances pour luy faire la guerre. La conspiration rompue, & Clotaire par presens, & par promesses persuadé & appaisé, il assault en guerre son frere Theodebert: En guerroyant par plusieurs fois y eut grand' tuerie, & fut vaincu par deux fois à Toul en ladicte bataille Theodebert, lequel en s'enfuyant à Coulongne, fut prins & mene	4576
616	29		4577

de France. Fueillet.xiii.

Ans de Iesus Christ	Ans du regne.		Ans du monde.
		prisonnier à Chaallōs, selon Paul Emile: les autres disent qu'il fut tué en ladicte guerre. Theodoric meurt d'vne dissenterie, aucuns pensent qu'il fut empoisonné. Les Annales & hystoires font mention en cest endroict de la mort de Brunechilde, & racomptent d'elle des meschancetez & malheureux actes par elle cōmis, lesquelz ie pense estre controuuez, au moins la plus grande partie. Clotaire demeure seul Roy paisible, aggreable, & aymé de ses subiectz.	
617	30	Aletheus est condāné a mourir, a raison qu'il auoit conspiré a la mort du roy Clotaire. La Royne Bertrade(pour corrompre laquelle & suborner à faire tel meschant acte, Lendemund, Euesque de Seaun, auoit prins la charge, meilleur maquereau que prelat) descouure toute l'affaire à son mary, prudemment, & veritablement. Clotaire, en sauuant la vie à l'Euesque, ne luy baille point autre peine sinō qu'il luy deffend ne sortir hors de son diocese. O grād humanité du Roy a l'ordre Ecclesiastique? O grand' grace faicte a vn meschant homme? Clotaire fait vn grand & solennel appoinctemēt auec les Lombars, & leur quicte vne grosse somme de deniers qu'ilz payoient	4578
618	31	par chacun an de truage aux Francoys,	4579
619	32	par composition qu'ilz auoient pieça fai-	4580
620	33	cte pour auoir l'alliance du Roy Gon-	4581
621	34	tran d'Orleans. Aucuns tiennent que	4582

Cronique des Roys

Ans de Ie-sus Christ	Ans du regne.		Ans du monde.
622	35	Brunechilde, dõt dessus est fait mention, fonda plusieurs Abbayes, & signamment l'Abbaye d'Aynay qui est hors les murs de la ville de Lyon, en l'honneur de S.Pierre, & vne autre en la cité d'Autun, en l'honneur d S. Martin.	4583
623	36		4584
624	37		4585
625	38		4586
626	39	Dagobert, en signe de contumelie & iniure, rõgne & arrache la barbe de son pedagogue, qui estoit trop superbe, & le fait fouetter de verges. On estime que ce soit vn miracle, qu'il ait peu euiter l'ire de son pere, tant le Roy se trouuoit offencé de tel acte de son filz, qu'a grand' peine luy ait voulu pardonner, quand il consideroit cest homme si fort nauré de verges.	4587
627	40		4588
628	41	Le Roy baille a son filz Dagobert, vne partie d'Austrasie, a tenir & gouuerner: auquel il pourueoit de gouuerneurs des personnes de Pepin & S. Arnoult: affin qu'il leur obeisse, & vse de leur conseil.	4589
629	42		4590
630	43	La victoire de Clotaire, qui estoit venu au secours de son filz Dagobert, qui faisoit la guerre contre les Saxons (ou il fut fort nauré par la teste) fut fort cruelle, & pleine de sang.	4591
631	44	Dagobert, apres auoir prins a femme Gentrude, la sœur de Sichilde, sa mara-	4592

de France. Fueillet.xiiii

Ans de Ie-sus Christ	Ans du regne.		Ans du monde.
		stre auoit tout credit enuers le Roy son pere. Clotaire delaissant deux enfans de deux femes, Dagobert & Aribet, trespassa, & fut enterré en l'eglise de sainct Germain.	
632	1.	**Dagobert, vnzieme Roy, quatorze ans.** Il baille le Royaume d'Aquitaine a son frere Aribert, pour sa part de l'heritage	4593
633	2.	Dagobert debelle les Esclauons encores idolatres.	4594
634	3.		4595
635	4.	Les Francoys subiuguent Gascongne.	4596
636	5.	Dagobert estoit tãt muliebre & luxurieux, que quelque part qu'il allast, il trainoit apres luy vn troppeau de putaís & femmes dissolues. Et encores n'estant content de ce, en diuers lieux il establit colleges de belles femmes, lesquelles il vouloit estre vestues & phalerées comme Roynes.	4597
637	6.	Sainct Amãd est enuoyé en exil, pource que franchement il redargue telle chose Guaguin dit qu'il fut reuoqué quand quelquefois le Roy ne voulut plus faire telz actes.	4598
638	7.		4599
639	8.	Le Roy faitt vn edict, que tous les Iuifz qui ne se vouloyent faire baptizer eussent à vuyder de France. Dagobert fait entierement bastir l'eglise de sainct Denis: prenant de tous costez des	4600

Chronique des Roys

Ans de Iesus Christ.	Ans du regne.		Ans du monde.
		autres eglises, & les despouillant, pour enrichir ceste cy seule. Et ne se trouue point qu'il y ait eu aucun deuant luy qui ait donné aux eglises le reuenu de son patrimoine si tresabondamment, ne si prodigalement. L'oysiueté & fetardie des moynes a côposé plusieurs fables de luy: affin que par adulation & hault louer, ilz l'attiraßët à l'ameßon les richeßes des Princes. Ie pense que Dagobert a esté bien bon homme, mais non pas si de telle sorte sainct, qu'il pésast que le but de son salut consistast en donations aux eglises, ou en bastimens d'icelles, comme ceulx cy luy persuadoyent. Les controuuemens de telle maniere de gens, sont cause que les estrangers n'adioustent pas foy à noz veritables histoires. En ce monastere de sainct Denis, ie ne doubte point qu'il n'y ait eu beaucoup de gens de grãd sainctèté & religion, qui ont fait plus d'honneur à leur conuent que telz escriuains. Ce monastere est le grãd sepulchre des Roys de France. Aribert Roy d'Aquitaine, va de vie à trespas, delaißant	
640	9	son filz Chilperic ieune enfant: lequel außi si incontinët decedé, le total du royaume demoura à Dagobert. Dagobert fait son filz Sigibert, Roy d'Austrasie, affin qu'il deffende le pays contre les Esclauõs idolatres.	4601
641	10		4602
642	11		4603
643	12	Il prend le serment de fidelité des Gas-	4604

de France. Fueil. xv.

Ans de le sus Christ	Ans du regne.		Ans du monde.
		cons qui s'estoiét rebellez. Iudicahil, Roy de Bretaigne, fait alliance, & contracte amytié auec le Roy. Ega, Maire du Palais.	
644	13	Sisenand, par le moyen & ayde de Dagobert, est cree Roy des Vvisigothx, & Santille chassé. Paul Emille escript qu'il a regné seize ans, mais il en compte deux qu'il a regne en Austrasie, estant encores son pere viuant.	4605
645	14	Dagobert par vn flux de vétre trespasse au lieu d'Espinay, prez de Seine, le xxix. iour de Ianuier, & fut enterré en l'eglise de S. Denis, qu'il auoit fait edifier.	4606
646	1	**Clouis deuxiesme, xii. Roy. dixsept ans.** Sigibert, l'aisné, fut content du royaume d'Austrasie. Clouis & Loys, c'est vn mesme nom en Allemant. Cestuy cy fut le premier qui fut appelle Loys. Le nom de Clouis demeure seulemét a ce premier grand Roy la, qui a le premier de tous les Roys de France esté Chrestien.	4607
647	2	Grimouault, filz de Pepin, Maire du Palais d'Austrasie.	4608
648	3	Archinouault, Maire du Palais, de France.	4609
649	4		4610
650	5	Le pape Martin assemble vn Côcile, cótre les Patriarches de Constantinople.	4611
651	6		4612
652	7	Sigibert, Roy d'Austrasie, n'ayant	4613

Chronique des Roys

Ans de Iesus christ	Ans du regne.		Ans du monde.
		point d'enfans, adopte Hildebert, le filz de Grimouault, Marie de son Palais: toutesfois bien tost apres eut vn filz, nommé Dagobert.	
653	8		4614
654	9		4615
655	10		4616
656	11	Grimouault enuoyé en exil, Dagobert estant encores ieune enfant, apres l'auoir fait tondre & rēdre moyne, nonobstant que son pere Sigibert luy eust recommandé en mourant, & establist Hildebert son filz, Roy d'austrasie.	4617
657	12		4618
658	13	Les Francoys ne peuuēt endurer ceste desloyauté & trahison. Hildebert occis en guerre, Grimouault fut prins & mené en prison a Paris, ou il fina ses iours miserablemēt. Clouis fait Childeric, son filz, secōd Roy d'Austrasie, & l'enuoye audict lieu.	4619
659	14		4620
660	15	En ce temps y eut tres grande famine en France: Pour obuier a laquelle Clouis arracha & osta l'or & l'argent, duquel Dagobert auoit fait sumptueusement & manifiquement decorer l'eglise sainct Denis, & humainement le distribue aux pauures. Il enlieue aussi le thresor qui estoit es chasses, & coffretz, & romp le bras de sainct Denis, & l'emporte, pour lequel acte on dict que par vengeance diuine, il deuint	4621

Ans de le- sus Christ	Ans du regne.		Ans du monde.
661	16	enrage & hors du sens tout le reste de sa vie. Certeinement, si pour subuenir aux pauures & indigës, il a ce faict, il a sagement faict & en homme de bien, nõ obstant qu'ilz aient faict & dit aprex sa mort qu'il estoit fol, mais ilz ont cecy controuué, de paour que par cy aprex, les Princes ne prinssent ceste exemple pour eulx, quand ilz auroient vouloir de prendre les biens de l'eglise. Et non point seulement pourroient ilz ce faire pour soulager la pauureté des indigens, mais pour leur necessité mesmes. Au contraire, si estant meu d'autre conuoitise, que de secourir la necessité de ceulx qui sont en voye de mourir de faim, il departoit telx biens, qui ont este dediez & assignez à l'eglise, pour secourir les souffreteux : Certainment ie reputerois cela estre vn sacrilege malheureux & meschant : & ne pourroit on en nulle aultre chose mieulx monstrer qu'il seroit fol & enragé. Les sainctes reliques des Sainctx, & precieux images, ont esté par souuentesfois vendux pour subuenir à la necessité vrgente. Et deuons auoir cela pour persuadé, que si lesdictz Sainctx estoient encores viuans, eulx mesmes se vendroient pour deliurer le peuple de la faim, de tant de maulx & de miseres dont il est tourmenté. A ma volunté que le bien de l'eglise ne feust point prins n'osté, pour autres causes que pour ceste cy.	4622

Chronique des Roys

Ans de Ieſus Chriſt	Ans du regne.		Ans du monde.
662	17	Le Roy va de vie à treſpas, & eſt enterré en l'egliſe de ſainct Denis. Les vns diſent qu'il n'a regné que ſeize ans.	4623
663	1	**Clotaire troiſieſme, trezieme Roy. iiii. ans.**	4624
664	2		4625
665	3		4626
666	4	Le Roy treſpaſſe au bourg de Cheles pres Paris, Son corps fut porté enterrer à ſainct Denis.	4627
667	1	En ceſte annee Theodoric, filz de Clouis, & puiſné de Chelderic aprez ſon frere Clotaire regna, moyennant, & par l'authorité d'Ebroyn, Maire du Palays: mais à raiſon de ſon incontinence & autres vices, luy eſtāt Roy, fut chaſſé de ſon royaume. Et le Maire du Palais, qui eſtoit cauteleux & cruel, fut faict moyne. Et fut rapellé Childeric, qui regnoit en Auſtraſie. Et en ce temps, les Roys, eſtans puſillanimes & pareſſeux, & totalement adonnez à luxure & paillardiſe, en degenerāt de leurs anceſtres, ſe ſioyent du tout, & de leurs perſones, & de leurs royaumes, aux Maires du Palays. Ilz ſe retiroient en leurs maiſons à part, & hors la veue du peuple, & auec femmes s'engloutiſſoient en delices gourmandiſes & paillardiſes. Et ne ſe monſtroient iamais au peuple, auec pompe & royal appareil, que le premier iour de May: & ce aſſin qu'en ſaluant, & eſtans ſaluez,	4628

de France. Feuil.xvii.

Ans de Ieſus Chriſt	Ans du regne		Ans du monde.
		ilz dônaſſent a cônoiſtre au monde qu'ilz faiſoient leur office, & deuoir de Roy. Lors le royaume de Paris & de Normādie eſtoient toutes leurs ditions. Le reſidu de la Gaule eſtoit en controuerſe, & y en auoit pluſieurs qui ne vouloient plus tenir d'eulx, ny eſtre en leur obeiſſance, lors que les Maires du Palais auoient la ſuperintendence de tout.	
668	1	### Childeric, deuxieme, xiiii. Roy. xii. ans. Vvalfroy, Maire du Palais.	4629
669	2		4630
670	3		4631
671	4	Theodoric, puiſné de Childeric, ainſi chaſſé du royaume, & contrainct de ſe rendre moyne à ſainct Denis, & ſon Maire du Palais, Ebroyn, moyne en Bourgongne. Childeric fut appellé du grād conſentement de tous pour regner en France, ayans tous vne grande eſperance de luy: mais ilz furent fruſtrez de telle eſperance: car par tout ſon têps il regna orgueilleuſemēt, & auec cruaulté, & feit maintes iniuſtices & griefz à ſes Barons.	4632
672	5		4633
673	6		4634
674	7		4635
675	8		4636
676	9		4637
677	10	Homar, Sarrazin, ſucceſſeur de Mahomet.	4638
678	11		4639
679	12	Le Roy fait prendre Bodille, hôme notable, & noble, & le fait lier à vn pilier & fuſtiguer, en quoy faiſant il ſe meēt	4640

Ans de Iesus Christ	Ans du regne.		Ans du monde.
		plus en la malle grace des siens. Cestuy Bodille ainsi vilainemẽt iniurié, delibere de se venger, & fait coniuration, en sorte que le Roy estant à la chasse, en vne forest qui est à Cheles, prez Paris, il l'assault secrettement au soir, & le tue: & soubdain apres il en fait autant à la Royne, qui estoit grosse d'enfant. l'vn & l'autre sont enterrez en l'eglise de sainct Germain des prez. Vvalfroy, Maire du Palais, euade, & s'en retourne en Austrasie. Theodoric est rappellé & remis en son royaume, auquel fut baillé pour Maire du Palays Landregesie, filz d'Aarchinouault.	
680	1	**Theodoric, quinzieme Roy, quatorze ans.**	4641
681	2	Ebroyn voiant Theodoric remis en son siege royal, delibere sortir hors le monastere, & regaigner sa premiere place de	4642
682	3	Maire du Palais, mais ne s'ose du premier coup iecter au hazard, il tente toutes choses: & finablement enuoye secret-	4643
683	4	tement lettres à ses anciens amys qu'il auoit à la court sçauoir le moyẽ & quel il y faisoit pour luy, qui luy respõdirent par	4644
684	5	ce seul mot, Souuienne toy de Fredegõde.	4645
685	6	Ebroyn laissant le cõuent & la religiõ. aprez auoir assemblé vne grand' compaignie de meschãs gens, par la secrette admonition d'Aouyn, Archeuesque de Rouẽ, court de grand' ardeur sus ses en-	4647

de France.   Fueil. xviii.

Ans de Iesus Christ	Ans du regne.		Ans du monde.
		nemys, & les descôfit & préd tous leurs thresors. Finablemēt il préd la charge & administration du Roy & du royaume, apres qu'il eut tué Ládregesie trahistreusement, en deuisant auec luy. A cause de cecy plusieurs Euesques sont enuoyez en perpetuel exil, il en fait aussi mourir plusieurs, affin que son esprit fust rassasié de sang. Sainct Legier, Euesque d'Autun, fut decapité, apres auoir este long temps prisonnier, apres aussi qu'on luy eut cerné & arraché les yeulx hors de la teste, & miserablemēt dechiré et mutilé son corps. Son frere, nommé Guerin, vn peu au parauāt auoit esté lapidé. Sainct Lambert est en exil. Sainct Amand meurt en exil, apres y auoir esté quelque temps. Pepin le Bref, filz d'Ancise,	
686	7		4647
687	8	L'armée de Pepin &, de Martin, Duc d'Austrasie, est destruycte par Ebroyn à Laō. Ebroyn meet à mort le Duc Martin cruellement & côtre sa foy, en le faisant venir parler à luy à seureté. En vengeance dequoy Hermefroy secrette-	4648
688	9	ment entre de nuyct en la chambre du meschant Ebroyn, & le tue en son lict. Soubdain il s'enfuyt vers Pepin. En son lieu est creé Vvarrato, Maire du Palays, lequel semblablement en fut chassé par force (non pas long temps apres) par son filz mesme, vn meschant garson, nommé Gislemaire : & lequel aussi apres tel malheureux acte perpetré,	4649

C ii

Chronique des Roys

Ans de le sus Christ	Ans du regne.		Ans du monde.
		peu de temps iouyst d'icelle dignité, par la permission de Dieu, qui volut venger	
689	10	le meschant faict. Son pere restitué en son estat ne vescut gueres apres. Bertaire, son gendre, homme de peu de courage, & peu apte a manier telles affaires, est constitué Maire du Palays.	4650
690	11	Pepin auec sa compaignie qu'il auoit assemblee de Francoys bannix deffait l'armee du Roy Theodoric, a Texiere & la mest en fuytte. Bertaire est mis a mort par les siens propres.	4651
691	12	Pepin, Maire du Palays, il a grandement augmēte le bien des Francoys Luy estāt rappele en Austrasie delaisse Nordebert Maire.	4652
692	13	Drogo, filz aisne de Pepin, Duc de Champaigne.	4653
693	14	Le Roy enterré a Arras, en l'eglise de sainct Vvast.	4654
694	1	Clouis, troisieme. xvi. Roy, quatre ans.	4655
695	2		4656
696	3	En ce tēps florissoit Bede le venerable	4657
697	4	Les Frizons, leur Duc Roboalde desconfits en guerre, sont induyctz & persuadez de se faire Chrestiens par Pepin ausquelz Vvillebrotz, qui est d'aucuns appelle pape Clement, faisoit souuentes fois sermon de la parolle de Iesus Christ, & les instruisoit.	4658

de France. Fueil.xix.

Ans de le sus Christ	Ans du regne.		Ans du monde.
698	1	**Childebert, deuxieme, xvii. Roy. xviii. ans.** Cestoit le puisné du deffunct. Sainct Lambert, Euesque du Traict, rappellé d'exil, apres, que nonobstant cela il n'eust point crainct reprendre Pepin de son adultere, il est miserablement tué, par Dodon, frere de sa concubine. Le	4659
699	2	meurtrier & ceulx qui en estoyent coulpables, dedans l'an furent puniz: & par la volunté de Dieu moururent. Grimoauld, filz de Pepin, est faict Maire du Palays, au lieu de son Pere.	4660
700	3		4661
701	4	Les Egyptiens ne voulans plus estre subiectz a la domination & puissance des	4662
702	5	Grecz, esleurent vn Roy sus eulx, qu'ilz nommerent le Caliphe.	4663
703	6	Durant ce temps les Roys n'estoyent que seulement Roys de nom: car toute la	4664
704	7	puissance & authorite de dominer estoit vers les Maires du Palays: car d'autant	4665
705	8	que les precedens Roys s'efforceoyent d'acquerir gloire & honneur, & a di-	4666
706	9	later leurs limites d'autãt ceulx cy estoyët ilz remys & nonchallans tant seulement	4667
707	10	ilz s'estudioyent a volupte. Au contraire, les Maires du Palays recevoyent les	4668
708	11	Ambassades des Roys, & des Empereurs, rendoyent responce ilz soustenoyët	4669
709	12	les guerres, ilz faisoyent les appoincte-	4670

c iii

Chroniques des Roys

Ans de Ie-sus Christ	Ans du regne.		Ans du monde.
		mens, & accordoyent les tresues, & estoyent mediateurs & gouuerneurs des	
710	13	loix, coustumes & ordannances. Et d'autant plus que les Roys se deschargoyent	4671
711	14	de telle souueraine authorite, comme pesante & moleste, d'autant plus lesdictz	4672
712	15	Maires augmentoyent leurs forces & puissances, par le moyen de telle charge.	4673
713	16	Grimouauld au Liege deuant l'autel S. Lambert, est mis a mort par vn aduenturier Frizon. Pepin fait son nepueu Thibault, Maire du Palays.	4674
714	17	La mort de Pepin le Gros. Il auoit institue Charles Martel, son filz, qu'ilz auoit eu de sa concubine Alpayde, duc d'Austrasie: mais sa veufue Plectudre le fait mettre en prison a Coulongne, esperant iouyr de tout auec son nepueu Thibault.	4675
715	18	Le corps du Roy fut inhume a Nancy, en l'eglise sainct Estienne. Le nom de ses Roys sudictz. & le cathalogue d'iceulx, par ce qu'ilz estoyent seulement Roys de nom, sont assez incertains, & mal ordonnez: car les Historiographes mesmes de ce temps la ne les comptent quasi point pour Roys. En France y eut grands troubles, iusques a ce que ceste maniere de Roys fust estaincte, & que l'administration du royaume fust deuolue a la famile de Martel, filz de Pepin. Les Francoys ne se veulēt iamais rēdre subiectz n'y obeissans a la dominatiō de ceste femme Ple-	4676

de France.　　　　　　　　Fueil.xx.

Ans de Ie ſus Chriſt	Ans du regne.		Ans du monde.
		Elrude. Ce pendant on cree des Roys à plaiſir: le droict & dignite deſquelz eſtoit gardé & deffendu de ceulx la ſeulement qui les auoient creez Roys.　Thibault. Maire du Palais de Dagobert, Rainfroy, Maire du Palays de Chilperic: l'vn & l'autre faiſoient ceſte guerre domeſtique & inteſtine l'vn cōtre l'autre.	
716	1	**Dagobert.ii. xviii. Roy, quatre ans.** filz aiſné du Roy defunct. Aucuns, & ſignamment Sigiſbert, le nōment Clouis.　Ilz eurēt vne tres cruelle guerre aupres de la foreſt Charbōniere. Thibault eſchapa par fuir, qui fut cauſe qu'à peine Dagobert peult garder ſon royaume contre ſes ennemys, quand Charles	4677
717	2	Martel fut eſchappé des mains de ſa maraſtre, il feit tout ce qu'il peut pour eſtre remis en ſon eſtat, & s'eſt meſle parmy tous ſes affaires icy.	4678
718	3	Au commencement eſtant le plus foible, fut vaincu de Roboalde, duc de Frize en vne cruelle bataille, & perdit moult de ſes gens.　Son courage toutesfois ne fut point vaincu: car il pourſuyuit Chilperic iuſques à Ablis, lequel il print en deſarroy, & le pilla, puis le vainquit le trentieme iour de Mars, au lieu de Vinceat, pres la ville de Cambray: Et en s'en retournant	4679

c iiii

Chronique des Roys

Ans de Iesus Christ	Ans du regne		Ans du monde
719	4	Theodoric & Chilperic, enfans de Dagobert sont mis en religion, de si bas aage qu'à grãd peine pouuoient ilz parler. print Coulongne & y entra. Le Roy Dagobert mort & enterré a Nancy, Martel feit courõner Roy par dessus luy vn nommé Clotaire,	4680
720	1	lequel par ces deux ans icy, affectant le royaume s'efforce de s'en saisir, & l'occuper. Mais ie ne souffriray point qu'il ait aucun lieu en lordre des Roys, par ce que Paul Emile ne l'y meĉt point. Chilperic vaincu, prend alliance auec Eude, Duc d'Aquitaine. & l'appelle pour luy venir donner secours, en Champaigne.	4681
721	2	Charles va au deuãt d'eux & les meĉt en fuyte, & tant courut apres qu'il accõsuyuit Rainfroy en la ville d'Angiers. Apres la mort de Clotaire, il rappelle Chilperic, & le fait Roy, pour dominer soubz son nom, et octroia la paix a Eude.	4682
722	1	## Chilperic, deuxieme, xix. Roy, cinq ans. C'est celuy qui par cy deuant a esté nommé Daniel, & qui est estimé auoir esté prestre.	4683
723	2	Charles debelle les Saxons.	4684
724	3	Charles dompte ceulx de Bauieres.	4685
725	4	Les Allemans estans espouuentez de la grand' puissance, & des armes de Charles, il prend & rameine Pleĉtrude &	4686

Ans de Ie-us chrift	Ans du regne.		Ans du monde.
		Genichilde, sa niepce, lesquelles s'en estoient la fuyes pour la crainéte qu'elles auoient de luy. ## Charles Martel, Prince des Francoys.	
726	5	Chiperic est enterré a Noyon.	4687
727	1	Theodoric Cala. xx. Roy, quinze ans.	4688
728	2	La guerre d'Aquitaine, & les Sarrazins.	4689
729	3	Eude, Duc d'Aquitaine, voulant recōmencer la guerre, & sachāt estre en toutes sortes plus foible que Charles Martel, inuite a son ayde les Sarrazins: qui pour lors occupoient Espaigne, lesquelz iusques au nombre de quatre cens mille s'en vindrent auec leurs femmes, enfans, & seruiteurs, comme pour occuper & tenir tout. En qu'elque lieu qu'ilz passassent, fust il sacré ou prophane, sans difference aucune, hostillemēt ilz pilloient & rauissoient tout. Eude leur hoste, fort empesché pour leur arriuee, facilement s'est consenty a faire paix. Et certes luy s'estant retiré de nostre costé, en ceste guerre & conflict nous aida moult d'auoir victoire, & gaigner la bataille.	4690
730	4	Charles Martel allāt alencōtre d'eulx, aprez les auoir rēcontrez pres de Tours, en vn lieu qu'on appelle le champ sainct	4691

Chronique des Roys

Ans de Iesus Christ	Ans du regne.		Ans du monde.
		Martin le Bel, feit d'eulx vne boucherie incredible. En ceste guerre mourut le Roy Abidrian: il en mourut des nostres seulement mil.v.c. I'eusse estimé estre vne chose controuuee a plaisir, vne si grand' victoire de noz gens contre les Sarrazins si n'eust esté que les escripuains & historiographes estrangiers ont ceste nostre victoire couchee par leurs escriptz, auec vne grand' significance de ioye: dequoy vne gent si barbare, d'vne si meschante loy & religiõ, & laquelle par cy deuant ne pouoit trouuer son pareil, fut presque tutament ruynee & destruicte.	
731	5		4692
732	6	Eude va de vie a trespas Vvalde & Gayfer, ses enfans, pour recouurir Aquitaine, appellent a leur ayde les Vvisigothz & Arriens, lesquelz vindrent au secours, en degastant & bruslant presque tout iusques a la Bourgongne. Martel a court au deuant d'eulx, & fait tout fuyr deuant luy.	4693
733	7		4694
734	8	Charles apres auoir debellé les Frizons, demolist, rompt & oste toutes leurs idoles, affin que tous ensemble honnorassent Iesus Christ, & prinssent sa loy.	4695
735	9	La seconde guerre des Sarrazins, de rechef, sortans d'Espaigne, s'en reuiennent en France, pour se venger, font alliance auec les Gothz, en baillant ostages d'vne part & d'autre. Ilz prennent Auignon par trahison.	4696

de France. Fueil.xxii.

Ans de Ie- ſus Chriſt	Ans du regne		Ans du monde.
736	10	Subitement aprés, Charles Martel auec ſon oſt & gēdarmerie, debelle la ville, & la prend d'aſſault. Anthimes Roy des Sarrazins ſe iecte en vne naſſelle, & s'enfuyt à Narbonne. Amorreus vn autre Roy des Sarrazins, penſant ſecourir les ſiens pres le fleuue de Briſe, fut tué auecques les autres. Anthimes delaiſſant Narbonne s'enfuyt. Martel pourſuyt ceulx qui eſtoient eſchappez de la guerre, en bruſlant pluſieurs villes. Deſſoubz ce Prince à grand' peine auoit vn gendarme, ou'auanturier, loyſir de prēdre ſon allaine, qu'il ne fuſt touſiours à la guerre, à raiſon dequoy la nobleſſe eſtoit beaucoup meilleure & plus excellente.	4697
737	11		4668
738	12	Enuiron ce temps l'Empereur Conſtantin, ſixieme, feit aſſembler vn Concile de trois cens trente Eueſques à Conſtantinoble.	4669
739	13		4700
740	14		4701
741	15	Le Roy treſpaſſe au moys de Iuillet, & eſt enterré à S. Denis le xxij. iour d'Octobre. Le Prince Charles Martel treſpaſſe à Vermene, pres d'Iſoire, inhumé à ſainct Denis, en l'ordre des roys. On faint qu'il eſt dāné en enfer, pource qu'il auoit prins quelque partie de decimes, pour aucunemēt ſatisfaire aux nobles qui auoiēt ſouſtenu le faix de la guerre a leurs deſpens, & ce pour les labeurs, perilz & perte de leurs biēs qu'ilz auoiēt encouruz	4702

Chronique des Roys

Ans de Iesus Christ	Ans du regne		Ans du monde
		à souftenir la guerre côtre les Sarrazins. Ses enfans luy fuccedent. Carloman obtient la maiftrife du Palays d'Auftrafie, & Pepin celle de France. Gilles Archeuefque de Rouen.	
742	1	**Childeric l'incenfé, xxi. Roy, neuf ans.** Griffon fut priué de l'heritage: Il auoit au commencemët prins & occupé Laon, pour illec tenir bon, & fe deffendre, mais peu apres il fe laiffa aller a la volunté de fes freres,	4703
743	2	lefquelz l'enuoyerent a Chafteauneuf, vne ville en la fureft d'Ardenne.	4704
744	3		4705
745	4	Il y eut merueilleufe diuerfité de natures & complexions en fes quatre freres, Les autres affectoient fingulierement les	4706
746	5	richeffes mondaines, mais Carloman à fon retour de Rôme, delaiffât toutes fortunes & richeffes, fe va rendre & enfermer en vn monaftere, lequel il auoit fait edifier en la montaigne de Sorax. Et encores, par ce que ledict lieu eftoit en vn lieu trop frequenté & defcouuert (au milieu du chemin de Romme certes) il s'en alla au mont Caffin, auec fa tonfure & habit monachal.	4707
747	6	Griffon, toufiours machinant chofes nouuelles, defquelles il ne pouuoit trouuer aucune yffue, en paffant les Alpes eft occis par Theodin, gentilhomme tranfiuran, c'eft a dire, habitant par dela le mont de	4708

de France. Fueil.xxiii.

Ans de Ie- sus Christ	Ans du regne.		Ans du mon de.
748	7	Iura, maintenãt dict le mont S. Claude	4709
749	8		4710
750	9	Childeric chassé du royaume, est contrainct s'aller rendre moyne. Depuis Pharamond iusques a Pepin y a trois cens trente & vn an. Depuis Meronee, trois cens vingt. Depuis Clouis, Chrestien, deux cens cinquãte deux.	4711
751	1	**Pepin le Bref. xxii. Roy, dixhuyct ans.** Il fut par le consentement des Nobles, auec la faueur & assentement du Pape de Romme, oynct & sacre Roy le premier de sa race. En Paul Emile fault mettre sept cens cinquante et vn, au lieu de sept cens & vn.	4712
752	2	Le Pape Estienne fugitif en France.	4713
753	3	Boniface, Euesque de Mayence. Pepin assault l'Italie contre Astulphe, Roy des Lombars.	4714
754	4		4715
755	5	Pepin entre de rechef en Italie. Astulphe vaincu, Pepin fait de grãds presens au Pape, entre autres la domination & seigneurie de Rauenne, qui est de grand'estendue. Et de paour que ceste grande largesse ainsi faicte par les Princes de France à l'eglise Rommaine ne luy fust pour causes friuoles, ou autre-	4716
756	6	ment, iniustement ostee, il feit telle donation au nom de l'Empereur Constantin Et voulut oultre le gré dudict Empereur	4717

Ans de Ie-sus Christ	Ans du regne.		Ans du monde
		de Grece, que telle possession fust de la iurisdiction des Empereurs. De la Pepin tout le premier print la mode qu'on obserue en l'eglise Rommaine, & les cerimonies du chant, & les apporta en France. Et la charge de nous y accoustumer fut baillee a Gilles (aucuns l'appellēt Remy) Archeuesque de Rouë. Cecy escript Paul Emile, & d'autres. Le pape Estienne approuue Pepin, Roy des Frācoys, & luy dōne le nom & honneur de Patrice, en la ville de Romme.	
757	7	Le Roy Pepin institue Parlement en France.	4718
758	8		4719
759	9		4720
760	10	Enuiron ses ans icy, ce qui est escript auoir esté faict contre Gayfer, fut faict en Aquitaine.	4721
761	11		4722
762	12	Les Turcz, nation de Scythie, commencerent icy a courir en Asie, pillant ceulx du pays, & quant & quant commencerent a tenir vne Loy semblable auec les Sarrazins.	4723
763	13		4724
764	14	La fable de Robert le Normant autrement dict le Diable, est racōptee estre de ce temps.	4725
765	15		4726
766	16		4727
767	17		4728

de France. Fueil.xxiiii.

Ans de Iesus Christ	Ans du regne		Ans du monde.
768	18	Gayfer est tué des siens. Le Roy trespasse à Paris le.xxiiii.iour de Septēbre, il delaisse ses enfans Roys, Charlemaigne de Soissons, & Carloman de Noyō. Les autres disent qu'il a regné dixsept ans.	4729
		[portrait medallion of crowned king holding sword]	
7609	1	**Charlemaigne, vingt & troisieme Roy.xlvi.ans.** Il iouyst d'Aquitaine, & de Gascōgne	4730
770	2		4731
771	3	Le Roy Carlomā meurt, la femme duquel nommee Berte auec ses enfans, accompaignee d'Aouyn, s'enfuyt vers Disier Roy des Lombars.	4732
772	4	Le cōmencemēt de la guerre des Saxōs.	4733
773	5	Charles appellé par le Pape Adrian entre en Italie, & prend Disier estant à Romme, il confermā & ratifia ce qu'auoit donné Pepin, & y en adiousta	4734

Chronique des Roys

Ans de Ie-sus Christ.	Ans du regne.		Ans du monde.
		La feit tenir vn Concile auquel la pape Adrian pour recompense luy octroya la puissance & le droict d'eslire le Pape, & quant & quant, que les Euesques prendroient inuestiture de luy. Luy estant premierement par le Pape cree Patrice, a tenu le royaume d'Italie par ses Lieutenans qu'il auoit, tant a Milan qu'a Pauie. A son retour en france, il feit tenir & garder: Premierement a Metz, puis aprez par toutes les eglises de Fra̅ce, l'vsage & coustume des Rommains.	
774	6	Les Sesnes font beaucoup de maulx en France, contre lesquelz s'en va Charlemaine, & par plusieurs, & diuerses fois les desconfit.	4735
775	7		4736
776	8		4737
			4738
777	9	Aprez la ruyne de Pampelune, Sarragoce est rendue d'Ibuabala le petit roy, les Espaignolz sont contrainctz de se faire Chrestiens, & de payer tribut.	4739
778	10		
779	11	L'annee precedente la Royne Hildegarde, femme de Charlemaigne, accoucha d'vn filz, qui eut nom Loys. En ceste annee les Sesnes de rechef furet̅ desconfitz.	4740
780	12		4741
781	13		4742
782	14	En ce temps vn Gascon Sarrazin, nomme Tersinus, qui estoit Seigneur de Tholose, vint deuers Charlemaigne, et se feit baptiser, & par ainsi ledict Charlemaigne luy restitua les citez & seigneurie	4743
783	15		4744

de France. Fueil. xxv.

Ans de Iesus Christ	Ans du regne.		Ans du monde.
784	16	de Tholoze, Bordeaux, Narbonne & Prouence, que ses successeurs (qui estoient	4745
785	17	Sarrazins) auoient possedez, & lesquelles ses gens auoiēt prinses sur luy, & erigea la seigneurie de Tholoze en Comté:	4746
786	18	& fut ledict Tersinus le premier Comte Chrestien, lequel Tersinus alla mettre	4747
787	19	le siege deuant Bayonne. Charlemaigne voyant qu'il auoit à luy submis toutes nations de luy voysines, qui luy auoiēt esté	4748
788	20		4749
989	21	rebelles, & mis son Royaume en paix, se delibera d'aller à Romme, tant par deuotion, que pour acheuer de remettre a	4750
790	22	sa subiection ce qui restoit du royaume de Lombardie: & signamment la Duché de Beneuent. Ce que voyant le Duc Aragisle se submect a luy, & pour seureté luy enuoye en ostage deux de ses filz.	4751
791	23	La guerre des Huns a cōtinue. viii. ans. Charlemaigne institue & ordonne l'Vniuersité & escoles de Paris, par la diligēce & moyē d'Alcuyn & de Claude Clement.	4752
792	24	En ce temps, c'est assauoir l'an sept cens nonante, ou enuiron, fut celebré le septieme Cōcile vniuersel en la ville de Nice, auquel les Grecz demourerent d'accord auec les Rommains, touchant d'auoir des images des Sainctz, & aussi touchant la Procession du sainct Esprit.	4753
793	25		4754
794	26		4755
795	27		4756
796	28		4757

d

Cronique des Roys

Ans de Ieſus Chriſt	Ans du regne.			Ans du monde.
				4758
797	29			4759
798	30		Charlemaigne fait encores guerre aux Saxons, qui de rechef s'eſtoient rebellez contre luy.	
799	31			4760
780	32	Ans de l'Empire.	Turpin, Eueſque de Reims, reçoit le diadeſme que luy baille le pape Leon a Romme, le iour de la natiuité de Ieſus Chriſt.	4761
781	33	1	**Charlemaigne Empereur Auguſte.** Les enfans de Charlemaigne prennent de luy Prouuences à gouuerner, Charles l'aiſné près Pannonie, Pepin, le royaume d'Italie, Loys, Aquitaine.	4762
782	34	2	Charles & Nicephore departirent l'Empire, & accorderent enſemble que ceulx qui ſuccederoient en la famile des Ceſars, et au nõ des Auguſtes fuſſent dictz Empereurs, l'vn d'Orient, l'autre d'Occident.	4763
783	35	3		4764
784	36	4		4765
785	37	5	Les Saxons touſiours ſe rebellẽt, & touſiours ſont vaincuz, finablement furent cõtrainctz prẽdre la maniere de viure & religion de Romme. La fin de la guerre des Saxons.	4766

de France. Fueil. xxvi.

Ans de Iesus Christ	Ans du regne.			Ans du monde.
786	38	6	Charles, filz de l'Empereur Charlemaigne desconfit derechef les Boesmes, qu'on appelloit Esclauons, qui s'estoient rebellez contre l'Empereur son pere, & tua leur Seigneur, nommé Lethon.	4767
787	39	7		4768
788	40	8		4769
789	41	9		4770
810	42	10	Pepin trespasse a Milan, le huyctiesme iour de Iuillet, & Charles a Bauieres, le quatriesme iour de Decembre.	4771
811	43	11		4772
812	44	12		4773
813	45	13	L'empereur ordonne & veult qu'vn nepueu qu'il auoit de Pepin, nommé Bernard, soit Roy d'Italie. Il retient auecques luy son filz Loys, & veult qu'il soit Empereur. Il a fait en son temps tenir cinq Conciles pour l'estat de l'Eglise, l'vn à Mayence, l'autre a Rheims, l'autre à Tours, l'autre a Chaalons, l'autre d'Arle.	4774
814	46	14	Il mourut a Aix le vingt & huictieme iour de Ianuier: de son regne le quarantesept- ieme iour, de son aage le septãte deuxieme.	4775

d ii

Chronique des Roys

Ans de Iesus Christ	Ans du regne.		Ans du monde.
815	1	**Loys le Debonnaire, Empereur Auguste. xxiiij. Roy, vingt & six ans.**	4776
816	2	Les Gascons receuz en grace. Le pape Estienne vint en France, & couronna à Aix, Loys, Empereur.	4777
817	3	Il faict ses enfans Roys: Lotaire, d'Italie, Pepin, d'Aquitaine, & Loys, de Bauieres.	4778
818	4	Bernard, Roy d'Italie meurt, pour auoir esté rebelle à son oncle l'Empereur, Vinomarchus, qui s'estoit faict Roy de Bretaigne, est deffaict	4779
819	5		4780
820	6		4781
821	7	L'Empereur remect Herial, le Roy des Dannoys, en siege. Sigisbert dict qu'il en fut chassé l'an huyct cens seize, qui est l'an que les autres disent y auoir esté restitué.	4782
822	8		4783
823	9	Lotaire du viuant de son pere est couronné Roy & Empereur, par le pape Paschasius. Drogo, frere Bastard de l'Empereur, est faict Euesque de Metz.	4784
824	10	Michel, Empereur de Constantinoble, enuoya ses Ambassadeurs deuers l'Em	4785
825	11	pereur Loys le Debonnaire, pour confirmer paix & alliance, ce qui fut faict. Et	4786
826	12	enuoya ledict Michel audict Loys plusieurs grãds dons, & entre autres les li	4787

de France. Fueil.xxvii.

Ans de Iesus Christ	Ans du regne.		Ans du monde.
827	13	ures que feit sainct Denis, escriptz de sa main, de la Hierarchie des Anges, & autres presens, lesquelz il donna a l'Abbaye sainct Denis.	4788
828	14		4789
829	15	La conspiration des enfans de l'Empereur auec les gros Seigneurs de France, & principalement des Euesques contre ledict Empereur.	4790
830	16	L'Empereur fait tenir Concile, auquel sont deffenduz aux gens d'eglise les habitz superflux, la superfluité des bagues & anneaux, & la trop grand' curiosité & pompe en or & argent. O Loys Empereur a ma volunté que tu fusses maintenant en vie. Iaques Vnymphelingius. En vn Concile aussi que feit assembler le pape Gregoire, l'Empereur ordonna qu'en France & en Germanie fust celebret la feste de tous Sainctz, le premier iour de Nouembre.	4791
831	17		4792
932	18		4793
933	19	L'Empereur, mal songneux de son affaire, est prins de ses enfans, & par sa nonchalence, oultre son espoir, est expulsé de son Empire, & est cõtrainct se rendre en vn monastere, & prendre l'habit de moyne. L'annee mesmes il est restitué en son Empire. Quoy voyant Lotaire s'en retourna en Italie. Loys reprent sa femme l'Emperiere.	4794
934	20		4795
935	21		4796

d iii

Chronique des Roys

Ans de le sus Christ	Ans du regne.		Ans du monde.
836	22		4797
837	23	Les Normans font grandes oppressions en France.	4798
838	24	Pepin, filz de Pepin, se va saisir des possessions de feu son pere, en Aquitaine, sans impetrer ne demander aucune permission de ce faire à son ayeul, hôme certes tresdebonnaire, & aysé à manier	4799
839	25	Loys se reconcile auec Lotaire, apres auoir baillé sa foy audict Lotaire de luy pardonner, en s'en reuenant vers luy: & pareillemēt luy baille la dignité de l'Empire, & la couronne royalle. Loys fait Charles le Chauue, le plus ieune de ses enfans, Roy de Normandie.	480
840	26	Le.xxi.iour de May il mourut. P. Emil. il fut enterré à Metz.	4801
841	1	**Charles le Chauue. xxv. Roy, trente huyct ans.**	4802
842	2	La guerre du frere contre le frere fut cruelle d'vne part & d'autre, & plaine de sang, laquelle fut faicte à Fontenay, en l'Euesché d'Auxerre, le iour de Pasques, finablement accordent ainsi ensemble: c'est assauoir, que Charles le Chauue seroit Roy de la France, qui est entre la mer occeane Britānique, & la riuiere de Meuze. Loys auroit toute la Germanie, auec le pays des Huns: & Lotaire l'Italie, auec l'Empire de Romme, & tous les royaumes de Lombardie, Prouence, & vne portion de France, qui est maintenāt	4803
843	3		4804

de France. Fueil. xxviii.

Ans de Iesus Christ	Ans du regne.		Ans du monde.
		dicte Lorraine, à cause de son Roy Lotaire, parauant appellee Austrasie, & le royaume de Metz. Pepin & Charles, nepueux, furēt frustrez de l'heritage paternel, puis tōdus et mis en vn monastere.	
844	4	Charles le Chauue c'est le premier des Roys de Frāce, a qui separemēt est escheu & aduenu le royaume, lequel est maintenant veritablemēt appellé le royaume de Frāce. Car Charlemaigne & autres ses predecesseurs sentoient q̄lque chose de la Germanie. Ces trois freres s'assemblēt a Verdū, ou il declarerēt auoir pour agreable le partage d'entre eulx ainsi faict.	4805
845	5		4806
845	6	Les Normās Pirates, gastent le pays de Charles. P. Cōstantin, Phrigiē, en sa chronique a redigé en. x. ans toute la guerre que Charles le chauue (nō point trop heureusement) a faicte contre les Bretons.	4807
847	7	L'an precedēt, Loys, roy dē Germanie, cōtraingnit. xii. ducx de Boesme, & leurs subiectz a eulx faire baptizer.	4808
848	8		4809
849	9		4810
850	10		4811
851	11	Famine si grande par toutes terres, & signāmēt es Allemaignes, que l'enfant s'efforcea de deuorer le pere.	4812
852	12		4813
853	13	Les Normās Pirates auec grād frayeur dōnēt l'assault a Nātes, les courses desq̄lz durerēt lōg tēps en Gaule & acquitaine	4814

d iiii.

Cronique des Roys

Ans de le sus Christ	Ans du regne.		Ans du monde.
854	14		4815
855	15	Lotaire se rend moyne, & delaisse ses enfans.	4816
856	16	Loys Empereur d'Italie, Charles, Roy de Prouence, & Lotaire, Roy de Lorraine	4817
857	17		4818
858	18	Loys Roy de Germaine, eut grand guerre contre les Vvādelez, & print Restite, leur Roy prisonnier: & luy feit creuer les yeulx, pource qu'il auoit trop de fois sa foy faulsee.	4819
859	19		4820
860	20	La mort de Neometricius, petit Roy de Bretaigne, fut la fin de la guerre Britannique. Son filz le Duc Herispons se reconcilie auec le Roy, & luy fait foy & hommage, & le Roy le mect en sa sauuegarde.	4821
861	21		4822
862	22	Les Normans, soubz la conduicte du Duc de Bretaigne, entrent en France à grād ost, & assiegent la ville d'Angiers.	4823
863	23		4824
864	24	Baudouyn, premier Cōte de Flandres.	4825
865	25		4826
866	26	Le Roy estant es regions, mesmes esquelles les Normans faisoient & auoient faictz de grandes courses, appoincte auec eulx.	4827
867	27	Les Sarrazins descendirent & couru-	4828

de France. Feuil.xix

Ans de Iesus Christ	Ans du regne.		Ans du monde.
868	28	rent en la Comté de Beneuent, qui est en la Pouille L'Empereur Loys alla contre	4829
869	29	eulx, & auec luy à son ayde son frere Lotaire, Roy de Lorraine, mais la mor-	4830
870	30	talité se meit en son ost, tellemēt qu'il fut contrainct de s'en retourner. Lotaire	4831
871	31	en s'en retournant de l'armee passa par Romme, & alla deuers le pape Adrian	4832
872	32	soy excuser de la repudiation qu'il auoit faicte de sa femme, mais en s'en reuenāt passa par Lombardie, ou il mourut, en la	4833
873	33	cité de Plaisance, & y fut enterré en l'eglise sainct Anthoine.	4834
874	34		4835
875	35	Robert, Comte d'Aniou, & Ranulphe Duc d'Aquitaine furēt occis en la guerre contre les Normans. Salomon, Roy de Bretaigne qui auoit succedé a son pere Herispons, viēt secourir les Francoys, Charles le chauue ne prise pas tāt l'incertaine victoire de la guerre, comme il fait l'argent contant des Normans: pour ceste cause, en prenant argent d'eulx, il leur donne permission de leur en retourner	4836
876	36	1 Charles le Chauue, Empereur Auguste, ayant amassé beaucoup d'or, et d'argēt se delectoit en choses excessiuement superflues, & en vn amour de soy mesmes. Il portoit sus la teste vne couronne, & vn diadesme trop pompeusement & fierement. D'auantage, il vsoit d'vne dalmatique, qui luy venoit iusques aux	4837

Chronique des Roys

Ans de Ie susChrist	Ans du regne.		Ans du monde.
		tallons, & qui estoit beaucoup plus longue que les autres Roys, ses predecesseurs n'auoient porté: plus prompt a tout genre de pompes superflues, que hardy & constant a demener ses affaires.	
877	37	Pour monstrer sa puissãce il voulut creer des Roys, & feit Roy de Prouence Bosso, le frere de Iudich l'Emperiere, sa femme, & mary d'Hemengarde, fille du deffunct Empereur Loys	4838
878	38	2 Charles le Chauue demoure malade à Mantoue, & y mourut le. xiiii. iour d'Octobre. Il fut empoisonné par son medecin, nommé Sedechias.	4839
879	1	**Loys le Begue, Empereur, vingtsixieme Roy, deux ans.** Le pape Iehan vient en Frãce, & couronne Empereur Loys le Begue.	4840
880	2	Il trespassa à Compiegne le xiii. iour d'Auril, le iour du Vendredy sainct, & delaissa sa fẽme enceincte, laquelle apres son trespas enfanta Charles le Simple, auquel l'Empereur bailla pour tuteur, en esperance que le fruict du ventre de sa mere viẽdroit à maturité, Odo, le filz de Robert, Comte d'Aniou. Baudouyn le Chauue, Comte de Flandres.	4841
881	1	**Loys & Charlomã, vingtseptiemes Roys. v. ans.**	4842

de France. Feuil. xxx.

Ans de Iesus Christ	Ans du regne.		Ans du monde.
882	2	A bien peu tint que le royaume ne retournast vers les Germains. Bosso se prepare pour occuper la tyrannie & le nom de Roy de France, mais lesdeux bastards de Charles le Chauue obtindrent & demourerent maistres. Et certes à leur entrée ilz font tresbien leur deuoir & heureusement contre les Normans & Dannoys, lesquelz auec vne bien grand'armée, d'vn grand coeur gasterent cinq ans durant toute la Gaule, en mettant cruellement tout à feu & à sang par ou ilz passoyent, fut chose sacrée ou prophane. Godefroy & Sigifroy, Roys de Normandie.	4843
883	3	Les Normans prennent & occupent Treues & Metz.	4844
884	4	Loys decede. En ce lieu icy les Historiens font mention d'vn Loys surnommé Fayneant, ainsi appellé, par ce qu'il n'a fait en son temps chose digne de memoire, lequel fut filz & heritier de Carloman. La confusion qui est interuenue, à raison de la mutation du temps & des choses, fait icy que de peu de gens (voyre & de ceulx qui y regardent de bien pres) l'histoire est entendue. Parauenture en cest endroict à esté interposée d'aucuns la simplicité & la fatuité de Charles, filz nay apres la mort de son pere Loys le Begue, lequel puis apres ayant son aage côpetant, doit regner.	4845
885	5	Le trespas de Carloman.	4846

| Ans de Ie-|Ans du | | Ans du |
sus Christ	regne.		monde.
886	1	6. Charles le Gros, Empereur. xxviii. Roy. v. ans.	4847
	Ans de l'Empire	Il fut euoqué en l'an sixieme de son Empire, pour les molestations, courses & degatz que faisoyent les Normans. Les Normans mettent le siege deuant Paris. Ilz mettent à	
887	2	7 mort le Duc Henry, pour eulx venger de leur Roy Godefroy, qui auoit esté tué.	4848
888	3	8 Neustrie est baillé aux Normans pour habiter. Et de la est	4849
889	4	9 venu que nostre Normandie a prins tel nom.	4850
890	5	10 Arnould est baillé pour curateur à Charles l'Empereur, son oncle, ceste annee il fut seigneur du tout, soubz le nom dudict Charles.	4851
891	1	Eude, vingtneufieme Roy, neuf ans.	4852

Arnould estant salué Empereur, veult aussi occuper le royaume: mais les Francoys couronerent Eude, le filz de Robert Comte d'Aniou, qui n'estoit point du sang de Charlemaigne. Ledict Eude estoit tuteur du petit Roy Charles, & fut sacré par Gautier Archeuesque de Sés. Eude fait Robert son frere, Comte de Paris, & Maire du Palays.

de France.   Fueil.xxxi.

Ans de Iesus Christ	Ans du regne.		Ans du monde.
		Les Normans ne cessent de poursuyure leur inimitié contre les Francoys.	
892	2	Les Seigneurs de France craignans Eude, nonobstãt qu'il fut hõme vertueux & bon, par enuie qu'auoient les parties les vns contre les autres: Aprez la deliberation faicte, ilz le renuoierẽt tenir le royaume d'Aquitaine, en prenant pour Roy, deuãt le temps, vn simple adolescent, par vn appetit de choses nouuelles, & vne legerctê d'esprit, & eulx mesmes enflamboient les inimitiez de l'vne & de l'autre part, en mectant diuision entre le pupille & le tuteur. Charles le Simple en son aage de douze ans fut sacré Roy. Icy Sigisbert se mescõte en la supputation des ans, en mectãt huict cens nonante & quatre. Ie ne veulx icy oublier a escripre qu'eude apporta en France ceste noble banniere, toute couuerte de fleurs de lys, laquelle a duré iusques au temps de Charles sixieme.	4853
893	3		4854
894	4		4855
895	5		4856
896	6	Charles, auec l'ayde d'Arnulphe, Empereur, fait la guerre a Eude, mais pour neant.	4857
897	7	Enuiron ce temps, Berno, filz du Comte de Bourgongne, se feit moyne, & fut Abbe de Gigny, qu'il auoit fondé. Et semblablement du don de la Cõtesse Yue fõda premieremẽt l'Abbaye de Cluny.	4858
898	8		4859
899	9		4860

Ans de Iesus Christ.	Ans du regne.		Ans du monde.
900	1	**Charles le Simple, filz de Loys, le Begue, trēteieme Roy. xxvii. ans.**	4861

Eude au commencement du dixieme an de son regne, estāt au lict de la mort, deuant les Seigneurs de France commāde qu'on rēde le royaume à son pupille, l'administratiō duquel il auoit prins, auec tiltre et authorité de roy: et ce a bon droict, pour les grandes affaires qui pour lors estoient au royaume. Charles le simple, le vray heritier, regne en sa grād' ieunesse ignorāmēt & imprudemment. C'est luy toutesfois qui a fait ceste tresbōne & saincte constitution & ordonnance touchant les possessions & facultez de l'eglise, de laquelle il nous conuient faire mention: par ce que desia de long temps les gros Seigneurs laiz de France iouyssoiēt & occupoient les Abbayes, & autres grosses maisons & reuenus des Eglises, par permission du Roy, ilz voulurent assaillir & entreprendre sus le reuenu & droictz des Euesques. Quoy voyant le Roy assembla vn Cōcile, la ou il soustint la cause, querelle & droict des Euesques & le remist en son entier, regardant & aiant ceste esperance que bien tost aprez il restitueroit les conuentz en leur pristine liberté, ce qui ne se pouuoit pour lors bonnement faire. Paul Emile. La guerre domestique, & les factions & entreprinses de Robert, frere d'Othon, pour occuper le royaume. Foulques, Archede France. Fueil.xxxii.

Ans de Ie-sus Christ	Ans du regne		Ans du monde.
		uesque de Reims est mis à mort.	
901	2		4862
902	3	En ce temps print vne maladie a Ar-	4863
903	4	noul, Empereur de Rōme, tellement qu'il deuint si plain de vermine de poux, dont il fut affligé qu'il luy conuint mourir, &	4864
904	5	n'y sceurent Medecins donner remede.	4865
905	6		4866
906	7		4867
907	8	Le trespas d'Alain, Duc de Bretaigne, auquel succederēt Iudicael & Collodoc,	4868
908	9	ses filz, qui aprez defaillirent de vie, de pouoir, & de lignee.	4869
909	10		4870
910	11	La fin de la guerre des Normans.	4871
911	12		4872
912	13	Rhollo, premier Duc de Normandie.	4873
913	14		4874
914	15		4875
915	16		4876
916	17	Charles le Simple, par la puissance des siens gaigne Lorraine. P. Emil.	4877
917	18		4878
918	19		4879
919	20	Il y a tāt eu de differēs en Frāce depuis Loys le begue, iusques à la mort de Char-les le Simple, qu'à grād peine peult on sca-uoir au vray, qui c'est qui principalemēt a regné. Arnulphe le grād, cōte de flādres	4880
920	21		4881

Chronique des Roys

Ans de Iesus Christ	Ans du regne		Ans du monde
921	22		4882
922	23	A Soissons y eut guerre entre Charles le simple & Robert, le frere d'Eude, pretendãt le royaume, & estant desia couronné par Herué. Archeuesque de Reims. En ceste guerre fut occis Robert. Charles le Simple estant demouré victorieux, tout ne plus ne moins que s'il eust esté vaincu, d'vn lasche courage rẽd la Lorraine au Roy de Germanie, esperant de luy plus grand secours: tout ainsi qu'au parauant il auoit deliberé de se rẽdre a luy subiect, & toute la Frãce, pour estre deffẽdu par luy cõtre ledict Robert. Hebert prend le Roy a Peronne, & le fait enfermer prisonnier au chasteau.	4883
923	24		4884
924	25	Charles le Simple est contrainct bailler son royaume a Raoul filz de Richard, Duc de Bourgongne.	4885
925	26		4886
926	27	Aprez auoir souffert innumerables miseres, il mourut à Peronne.	4887
927	1	**Raoul de Bourgongne, xxxi. Roy, deux ans.** Il fut couronné Roy a Soissons le trezieme iour de Iuillet, & ne regna que deux ans, selon les Chroniques de sainct Denis Sigisbert, & du Phrigien. Mais Paul Emile, Robert Gaguin, & plusieurs autres, affermẽt qu'il a regné .xii. ans presque accomplis, iusques a l'an, 937.	4888

Ans de Iesus Christ	Ans du regne.		Ans du monde.
			4889
928	2		
929	1	**Loys d'oultremer. iiij. xxxij. Roy. xxvii. ans.** Le filz de Charles le Simple, aprez la mauuaise fortune de son pere s'en estoit fuy auec sa mere Ogine, vers le Roy d'Angleterre son oncle. Il est sacré Roy à Laon le vingtieme iour de May. Il y a debat pour le royaume entre Loys, à son retour d'Angleterre, & Raoul de Bourgongne.	4890
930	2	Les hongres, qui estoiët encores Sarrazins, passerēt par Austrasie & Allemaigne,	4891
931	3	& gasterent par feu & par glaiue les villes & citez: & passerent le fleuue du	4892
932	4	Rhin, & vindrent en France, & commencerent à gaster Bourgongne, Cham-	4983
933	5	paigne, & la France, & trauerserent	4994
934	6	tous les pays iusques à la mer Occeane.	4895
935	7		4896
936	8		4897
937	9	Raoul de Bourgongne mourut à Anxerre le seizieme iour de May, & fut inhumé à Sens. Loys demoure seul.	4898
938	10		4989
939	11		4900
940	12		4901
941	13	Le Roy entre en Lorraine, contre l'Empereur Otho, iusques à Bresac,	4902
942	14	Geberge, veufue de Gilbert, en paix	4903

e

Chronique des Roys

Ans de Iesus Christ	Ans du regne.		Ans du monde.
		faisant est baillee en mariage par Othon son frere, a Loys, a son arrivee d'Alsate	
943	15		4904
944	16		4905
945	17	La Gaule est grãdemẽt vexee pour la famine & pour les cõtentiõs qui y regnẽt. Hue le Grãd, filz de Robert, qui fut tue a Soissons, se constitue ennemy du Roy, et renouuelle la guerre qui estoit au precedent pour le debat du royaume.	4906
946	18		4907
947	19		4908
948	20	La menee de Hue, Comte de Paris, & sa puissance, ont donné grands affaires au Roy. Aucuns disent que ce fut par son moyen, & par la trahison de ses gẽs, que le Roy fut prins des Normans, & mené prisonnier en la publique prison de Laon	4909
949	21	Othõ l'Empereur entre biẽ auãt en France: affin qu'apres auoir descõfit hue et les Normans, il remette le Roy en son estat.	4910
950	22	Hue estant pres de la riuiere du Cher se submect à l'empereur, & cõfesse estre en sa puissance, craignãt son retour en Frãce.	4911
951	23		4912
952	24		4913
953	25	Les Normans chasserent de leur pays l'Empereur Othon, et le Roy de France.	4914
954	26		4915
955	27	Loys est enterré a Reims, auquel lieu fut couronné Roy son filz Lotaire le tre-	4916

de France. Fueil.xxxiiii.

Ans de Iesus Christ	Ans du regne.		Ans du monde.
		xieme iour de Nouembre.	
956	1	**Lotaire. 33. Roy. xxxi. an.**	4917
957	2	Le premier iour de Iuillet Hue le Grād trespassa chargé de grand' aage, & fut enterré au monastere de sainct Denis.	4918
658	3	Baudouyn le ieune, filz d'Arnulphe, Cõte de Flandres, mourut deuant son pere.	4919
959	4	Hue le Grand, Comte de Paris, aprex son deces laissa trois filz qu'il auoit engē- drez de Haruide sa derniere femme, qui	4920
960	5	soeur auoit esté d'Othon l'Empereur, & d'Engeberge la femme dudict feu Roy Loys, mere de cedict Roy Lotaire, c'est-	4921
961	6	assauoir, Hue Capet, qui fut Cõte de Pa- ris, & depuis Roy de France, lequel il laissa en la garde de Richard, duc de Nor mādie, son gendre, iusques a ce qu'il fust	4922
962	7	en aage de terre tenir & gouuerner. Le ij. fut Othon, qui fut Duc de Bourgõgne, a cause de sa fēme. Le. iii. fut Hēry, aussi Duc de Bourgongne, aprex le trespas de	4923
963	8	Othon & sa femme, & vne fille nom- mee Angue qu'il eut de sa premiere fē- me, laquelle estoit mariee audit Richard.	4924
964	9	Arnulphe le ieune, nepueu d'Arnul- phe, Comte de Flandres.	4925
965	10		4926
966	11		4927
967	12	Guerre entre Thibault Cõte de Char tres, & Richard Duc de Normandie. Ledict Duc assembla vn grand ost, &	4628

e ii

Chronique des Roys

Ans de sus Christ.	Ans du regne.		Ans du monde.
968	13	courut & gasta par feu & par glaiue les pays de Chartres & de Dunoys. Semblablement ledict Thibault print sus iceluy Duc la cité d'Eureux, parquoy ledict Duc s'en retourna de sa course, & sceut que ledict Thibault estoit venu sus sa terre le long de la riuiere de Seine iusques à Rouen, & s'estoit logé du costé du pont, entre la ville & la forest de Rouueray. Si tira droict à luy & eurent bataille, & fut Thibault auec toute sa gent desconfit, & en y eut huict cens quarante mors: mais il se sauua & s'enfuyt iusques à Eureux. puis se retira en sa terre.	4929
969	14		4930
970	15		4931
971	16		4932
972	17		4933
973	18		4934
974	19		4935
975	20		4936
976	21		4937
977	22	Othon, deuxieme Empereur, donne à Charles, frere du Roy, la Duché de Lorraine. Loys assault l'Empereur, & à peu pres le desconfit. L'Empereur pareillement poursuyuant le Roy, depuis le premier iour d'Octobre iusques au premier iour de Decembre, abbat tout, & rase tout par ou il passe iusques à Paris, excepté les eglises & les choses sacrees: mais puis aprez fut cõtrainct de s'en retourner, auec la perte de plusieurs de ses gens.	4938
978	23		4939
979	24		4940
980	25	Othon & le Roy parlent ensemble sus la riuiere du Cher, ou ilz iurerent tous deux de garder la paix entre eulx accordee.	4941

de France. Fueil. xxxv.

Ans de Iesus Christ	Ans du regne		Ans du monde.
			4942
981	26		4943
982	27		4944
983	28		4945
984	29	Le Roy de Lorraine estoit marry que le nouueau Empereur iouyssoit de la duché, lequel aprex qu'il leut assailly, peu aprex en accorderent.	
			4946
985	30		4947
986	31	Le Roy meurt a Reims. Loys son filz fut le dernier des Roys de Frãce du sang de Charlemaigne, lequel aprez qu'il eut regné vn an, & quelque peu d'auãtage, fut empoisonné & mourut, & fut inhumé a Compiegne, delaissant la memoire de son nom seulement. Depuis Pharamon iusques a Hue Capet il y a cinq cens soixante huyct ans, depuis Clouis, premier Roy Chrestien, quatre cens quatre vingtz & sept, et depuis Pepin deux cens trentesept.	
			4948
987	1	**Loys cinqieme, trentequatrieme Roy, vn an.**	
		Icy commence la troisieme lignee des Roys de France, laquelle dure encores iusques a maintenant.	
988	1	**Hue Capet, trente cinqieme & premier de nation Frãçoyse, Roy de France, neuf ans.**	4949
		Luy estant Comte de Paris, par sa puis-	

e iii

Cronique des Roys

Ans de Iesus Christ	Ans du regne		Ans du monde
		sance, auec l'ayde de ses gensdarmes fut premierement establi Roy à Noyon, & incontinent apres fut sacré & couronné à Reims. Dantes, Poete Florentin, en son purgatoire, escript que le grand pere dudict Capet (du costé de son pere) estoit boucher. Il n'est pas à croire que tant de si nobles branches fussent produictes d'vne si petite & si obscure souche. Charles Duc de Lorraine & de Brabant, oncle du deffunct Loys, entre en France, pensant occuper le royaume: puis apres estant deuenu negligent, pour le contemnement qu'il auoit de son ennemy, se laisse assieger auec sa femme en la cité de Laon, ou il fut prins de nuict, par la trahison de l'Euesque Anceline, & enuoye en garde à Orleans.	
989	2	Ceste guerre dura quatre ans, pour ceste cause ledict Duc de Lorraine fut deiecté par les Nobles, pource qu'il fauorisoit trop les Allemans, ès mains desquelz ilz craignoient tomber de rechef. & aduient quasi tousiours que les Princes estrangiers (combien qu'ilz ayent grandes richesses & faueurs) seront moins fauorisez que ceulx du pays: nonobstant qu'ilz ayent moindre puissance. Ce que les Allemans diligemment obseruent, lesquelz ont de coustume d'eslire Empereurs ceulx de leur nation, craignans perdre leur liberté s'ilz auoyent affaires à quelques gros Princes estrangiers, mais cecy est hors de propos.	4950
960	3		4951
991	4		4952

de France. Fueil.xxxvi.

Ans de Iesus Christ	Ans du regne.		Ans du monde.
992	5	Hue enuoye en prison à Orleans Arnulphe, Archeuesque de Reims, & frere bastard du deffunct Roy Lotaire par despit & en haine de la maison, & de la nation. Gilbert, Philosophe Aquitain, lequel puis apres par l'industrie de l'Empereur fut Pape, & mis en son lieu. Seuin (les autres l'appellēt Sergius) Archeuesque de Sens, est constitué prisonnier auec luy iusques a trois ans, pource qu'il n'auoit pas approuué ceste priuation d'Arnulphe. Finablement l'vn & l'autre Archeuesque sont remis en leur estat par le Pape Iehan. Quand Hue eut luy seul regné vn an, il feit couronner a Orleans son filz Robert, lequel il auoit tresbien fait instruyre es ars liberaux: car certes luy mesmes iamais n'vsa de couronne royalle, ne d'enseignes, escusson, ou armoyries royalles, mais seulement a vsé de force & d'armes. Le pere fait premierement la guerre contre son aduersaire Arnulphe, Comte de Flandres, prochain de l'antique lignee des Francoys, qui contredisoit totalement a ceste nouueaulté de Roy: auquel fut ostee par force la Comté d'Artoys, mais puis apres restituee par les prieres de Richard, Duc de Normandie, & fut la paix faicte & accordee entre eulx.	4931
993	6		4914
994	7		4915
995	8	La maison de Sauoye au pays des All.	4916

e iiii

Chronique des Roys

Ans de le sus Christ	Ans du regne.		Ans du monde.
		broges premierement est erigée en Duché	
996.	9	Il mourut enuiron le commencement du neufieme an de son regne, & fut enterré à sainct Denis.	4957
997	1	**Robert, seul, trentesixieme Roy. xxxiiii. ans.** Homme lettré, studieux, religieux & debonnaire.	4958
998	2		4959
999	3		4960
1000	4	Le Roy par deuotion s'en va à Romme.	4961
1001	5	Henry, Duc de Bourgongne, a cause qu'il n'auoit point d'enfans, se voyant pres de la fin, par son testament donne au Roy sa Duché de Bourgongne, laquelle il donna à son filz Robert, incontinent a-	4962
1002	6	pres qu'il en eut prins possession, & l'enuoya contre Landry, Comte de Neuers, qui estoit bien fort aymé des Bourguignons, & lequel neantmoins fut vaincu restitué toutes fois par ceulx d'Auxerre Baudouyn le Barbu, Comte de Flãdres	4963
1003	7	Seuin, Archeuesque de Sens meurt, l'Archeuesque duquel, pour le debat qui en aduint, vacqua vn an entier.	4964
1004	8	La ville de Sens, pour l'offense commise par le Comte Regnauld, fut cõfisquee & adioustee au patrimoine du Roy.	4965
1005	9	Godefroy, filz de Godefroy, Côte d'Ardenne, apres la mort du Duc Othon, prêt la Duché de Lorraine, que l'Empereur	4966

de France. Fueil.xxxvii.

Ans de Iesus Christ	Ans du regne.		Ans du monde.
		luy donna.	
1006	10	Le Roy marche droict à Valenciennes auec Richard, Duc de Normandie, pour ayder à Baudouyn, Comte de Flandres, à souſtenir & defendre ladicte ville contre l'Empereur Henry, ſus lequel il auoit vſurpé. Icy aduint vne incredible famine & peſte.	4967
1007	11		4968
1008	12	Ce Roy Robert, ainſi qu'on liſt en ce qui eſt eſcript de ſes faictz, decora grandement ſon royaume d'egliſes & ſainctz edifices entre leſquelles il fonda l'egliſe de ſainct Nicolas des Champs, lez ſon Palays, pres Paris. Et eſtoit ſondict Palays au lieu ou eſt de preſent le monaſtere & cloiſtre de ſainct Martin des Champs, il fonda auſſi l'egliſe de noſtre Dame des Champs, pres Paris. A Orleans l'egliſe de noſtre Dame de bonnes nouuelles, & l'Abbaye ſainct Aignan, pres les murs d'Orleãs, ſaict Hylaire à Poitiers, ſainct Legier en Yueline, ſainct Marc à Viſtry & feit faire le chaſtel dudict lieu, & celuy d'Eſtampes, l'elgiſe noſtre Dame au dict lieu, l'egliſe ſainct Rieule à Senlis, à Oſtun ſainct Caſſian, & pluſieurs autres Il enrichit moult l'Abbaye de ſainct Denis en France, ou il giſt, & Conſtance ſa femme giſt en l'egliſe noſtre Dame de Poiſſy, qu'elle fonda & y meit moyne	4969
1009	13		4970
1010	14		4971
1011	15		4972
1012	16		4973
1013	17		4974
1014	18		4975
1015	19		4976
1016	20		4977
1017	21		4978
1018	22		4979

Chronique des Roys

Ans de le sus Christ	Ans du regne.		Ans du monde.
		de l'ordre sainct Augustin, mais depuis Philippe le Bel a fait refaire l'eglise de nouuel edifice, & augmenter grandement le monastere, & y meit religieuses de lordre de sainct Dominique.	
1019	23		4980
1020	24		4981
1021	25		4982
1022	26		4983
1023	27	Le Roy & l'Empereur s'assemblerent au lieu d'Enol, pres du Cher, & la par lamenterent, tant des affaires de l'eglise que du royaume.	4984
1024	28	Le Roy fait couronner son filz à Compiegne, lequel mourut deuant son pere.	4985
1025	29		4986
1026	30		4987
1027	31	Enuiron ce temps mourut Baudouyn, Comte de Flandres, surnommé belle barbe, auquel succeda Baudouyn son filz qui eut à femme Athile, fille du Roy Robert, de laquelle il eut Baudouyn, qui fut Comte de Henault, & Robert Comte de Frixe, & vne fille nommee Matilde, qui fut mariee a Guillaume le bastard, Duc de Normandie.	4988
1028	32		4989
1029	33		4990
1030	34	Le nombre des ans du regne du Roy Robert a esté negligemment obserué par Gaguin, & autres Historiens, lesquelz sans y prendre garde ont quasi par tout confondu tous les temps. Le Roy mou-	4991

de France. Fueil.xxxviii.

Ans de le sus Christ	Ans du regne.		Ans du monde.
		rut a Melun, le corps duquel fut porté a sainct Denis, inhumer, il auoit fait couronner Roy a Reims, son filz Henry deuant que de l'ordonner son heritier par son testament.	
1031	1	## Henry, trenteseptieme Roy, trente ans. Henry & Robert, freres, sont en debat de la succession de leur pere, Robert, Duc de Normandie, tient le party de Henry: Eude de Chãpaigne, & Baudouyn, Comte de Flãdres, celuy de Robert. Bouchet redarguant Gaguin, afferme que Robert estoit le puisné, auquel Constance sa mere n'a iamais porté faueur, laquelle mourut le.v.an du regne de sõ mary, qui en print vne autre en son lieu, laquelle estoit fille du deffunct Cõte de Noyon par ainsi tous ensemble fauldroyent, mais par aduenture ce correcteur icy s'abuse luy mesmes.	4992
1032	2		4993
1033	3	Icy aduint à Paris vn grand feu. Eude & Baudouyn sont vaincuz de Henry. Les freres demourerent d'accord.	4994
1034	4	Raoul, Roy de la haulte Bourgongne, apres auoir regné.xxx.ans, selõ le vouloir des Bourguignons (comme atteste Emile) dóna son royaume à Conrad, filz de l'Empereur. Eude, Comte de Champaigne, estimãt que tel royaume luy appartenoit par droit de succession, demãde qu'on l'en laisse iouyr, ce qui luy fut refusé. Voyant cela il l'assault par armes: Par ce moyen	4995

Chronique des Roys

Ans de Iesus Christ	Ans du regne.		Ans du monde.
		ce royaume fut divisé en deux parties, c'est assavoir en Duché & en Comté, en sorte que la Comté appartiëdroit a l'Empire, & la Duché au Roy. Le second regne des Bourguignons iusques a huy a duré plus de cent trente ans, & avoit prins son commencement soubz l'Empereur Arnulphe.	
1035	5		4996
1036	6	Eude, Côte de Beauvais, baille & trasporte ladicte Comté a Roger, son frere, Euesque dudict lieu, en recompense & eschange du chastel & ville de Sanxerre, qui appartenoit audict Euesque, lequel Euesque donna ladicte Comté & Seigneurie de Beauvais a l'eglise dudict lieu, & a ses successeurs Euesques, pour en iouyr a tousiourmais. Baudouyn de l'Isle, le bon Comte de Flandres.	4997
1037	7	Eude fut tué par Gothelon, Duc de Lorraine, il delaisse ses enfans heritiers de luy.	4998
1038	8		4999
1039	9		5000
1040	10		5001
1041	11	Pour ce que Galleran, Comte de Meulanc, estoit rebelle & desobeissant au roy Henry, ledict Roy alla contre luy, & le	5002
1042	12	desherita, & ioygnit sa terre a son domaine.	5003
1043	13		5004

de France. Feuil. xxxix.

Ans de Iesus Christ	Ans du regne.		Ans du monde.
1044	14	Geofroy Martel, Côte d'Aniou, prend en bataille Thibault, Côte de Chartres,	5005
1045	15	& eut ledict Comte d'Angiers pour sa rançon la cité de Tours, & plusieurs chasteaulx.	5006
1046	16		5007
1047	17	Guillaume, Duc de Normãdie, bastard moyennant l'aide du Roy Henry, surmonte ses Normans, & les contrainct de faire leur deuoir enuers luy. Les Normans qui auoient passé les mõtz, & s'en estoient fuys en Italie soubz la conduicte de Guillaume, Comte de Monstreul, puis aprez petit a petit s'augmenterent: & soubz la conduicte de Robert Guichard cõquesterẽt en grand renom, & grandes richesses en la Pouille & en la Calabre.	5008
1048	18	A Benoist, qui auoit inuadé par simonie la Papaulté à Romme, & qui estoit	5009
1049	19	ignare des lettres latines, fut baillé coadiuteur vn nommé Siluestre, lequel fut sa	50010
1050	20	cré Pape, & pource qu'encores n'estoit point agreable à aucuns, en crea lon encore vn autre, L'heresie de Berengier. nommé Gregoire: Par ainsi en vn mesme temps estoient trois Papes	50011
1051	21	à Rõme. A ceste cause l'Empereur Hẽry alla à Rõme, & par le conseil les feit canoniquement tous trois deposer, & y	50012
1052	22	fut mis Sindiger, Euesque de Beaubourg qui fut sacré & appellé Clement, & iurerent & promeirent les Rommains de	50013

Chronique des Roys

Ans de Iesus Christ	Ans du regne.		Ans du monde.
1053	23	non iamais eslire Pape sans l'assentemēt de l'Empereur, mais deux ans apres, c'est assauoir mil dixhuict, ledict Clemēt mourut, & esleurent Bruno, qui fut nommé Leon. Ledict Empereur ne fut pas content de son election, par ce qu'il n'auoit pas esté appellé, & le dechassa: parquoy en l'an mil quarenteneuf il s'en vint en France a refuge, & tint Cōcile a Aix, ou il reforma plusieurs grands abuz qui estoient en l'Eglise.	5014
1054	24		5015
1055	25		5016
1056	26		5017
1057	27		5018
1058	28	Les vns disent que ce Roy n'a regné que vingtsept ou vingthuyct ans.	5019
1059	29		5020
1060	30	Henry cree son filz Philippe Roy, & le fait sacrer a reims. En mourant, vers la fin de ceste ānee, il mect ses enfans Philippe, qui auoit pres de neuf ans, et Hue son puisné en la garde & tutelle de Baudouyn, Comte de Flandres. Il fut enterré a sainct Denis.	5021
1061	1	**Philippe, trente & huyctieme Roy. xlix. ans.**	5022
1062	2	Baudouyn, le iuste tuteur du Roy, faignant vouloir aller faire la guerre cōtre les Sarrazins: d'industrie faisant seiourner son armee en aquitaine, par ou estoit le passage, a reprimé les audacieux Nobles de France, qui se vouloient mutiner contre le Roy.	5023
1063	3		5024

de France. Feuil. xl.

Ans de Iesus Christ	Ans du regne.		Ans du monde.
1064	4	Le Roy Edouard d'Angleterre trespassa & feit ledict Duc Guillaume le bastard son heritier, parce qu'il n'auoit point	5025
1065	5	d'enfans, mais Hauard, frere de la Royne, s'ensaisina dudict royaume, & le tint deux ans.	5026
1066	6	Geofroy Martel, Comte d'Aniou, fonda l'Abbaye de Vendosme, en l'honneur de la trinité, & y meit la saincte l'arme de Iesu Christ, qu'il auoit apportee d'oultremer.	5027
1067	7	Soubz ce Roy sont issues de France deux tres nobles lignees, lesquelles ont erigé & conquesté sus les estrangiers deux trespuissans royaumes. Guillaume le bastard se fait Roy d'Angleterre, aprez auoir desconfit & tué le Roy Hauard. Godefroy de Buillon tantost aprez gaigna la terre saincte, & la ville de Hierusalem.	5028
1068	8	Philippe prend a femme Berte, fille de Baudouyn, Comte de Hollande, & de Frize.	5029
1069	9		5030
1070	10		5031
1071	11	Arnulphe, filz de Baudouyn, Comte de Flandres.	5032
1072	12	Robert Frixon, aprex auoir eu victoire contre ses nepueux, occupe la Comté de Flandres.	5033
1073	13		5034
1074	14	Institutiõ premiere des moynes de grãd	5035

Chronique des Roys

Ans de le sus Christ	Ans du regne.		Ans du monde.
		mond, par Estienne L'auuergnac.	
1075	15	Le Pape Gregoire assemble vn Concile,	5036
1076	16	auquel il excommunie & anathematize	5037
1077	17	des simoniacles, & oste du seruice diuin les prestes mariez.	5038
1078	18	L'ordre des Chanoines reguliers à sainct Quentin de Beauuais.	5039
1079	19		5040
1080	20	Godefroy le Barbu, & Fouques Rechin sont en debat pour la succession de leur oncle Charles Martel, Côte d'Anjou. Rechin donne sa Comté de Gastinoys au Roy, pour ne fauoriser n'à l'vn n'à l'autre. finablement le Barbu fut en guerre prins prisonnier de son frere, & enuoyé en chartre perpetuelle.	5041
1081	21	Pour aucuns griefx que Robert, Duc de Normandie, filx de Guillaume le bastard d'Angleterre, faisoit aux Normãs, ilz en allerẽt à plainĉte audiĉt Guillaume, Roy d'Angleterre, son pere, qui luy auoit donné ladicte duché, lequel esmeut guerre cõtre sõdiĉt filx, & eurent bataille ensemble, Robert rencõtra Guillaume son pere, & de sa lance l'abbatit par terre: toutesfois n'eut aucun mal, par ce qu'il fut secouru.	5042
1082	22		5043
1083	23		5044
1084	24	Icy commença l'ordre des Chartreux: De laquelle furent inuẽteurs & auteurs Bruno, citoyen de Coulongne, & maistre d'escole & chanoine de Reims, & Hugues Euesque de Grenoble.	5045

commencement des Chartreux

de France. Fueillet．xli．

An de le sus Christ	Ans du regne.		Ans du monde.
1085	25		5046
1086	26	Philippe repudie Berte, fille de Baudouyn, Comte de Hollande: de laquelle il auoit eu deux enfans, Loys le gros, & sa soeur Cōstance, & l'enuoye loing de luy à Mōstreul, vne ville qui est sur la Mer: Au lieu de laquelle il prēd publiquemēt Berthrade Pelice, & la distraict d'auec son mary Foulques Rechin, Du fol amour delaquelle le Roy estoit tant aueuglé que toutes les grādes affaires du royaume estoient gouuernees & administrees selon la fantasie & plaisir d'elle. Durant cest adultere il eut d'elle Philippe Flory & Cecile, et depuis n'eust point reuoqué Berte si les papes Vrbain & paschal ne leussent excommunie. Icy les Historiens ont opinion diuerse, les vns disent qu'elle ne fut pas rappellee totallement soubz Vrbain, mais soubz Paschal.	5047
1087	27		5048
1088	28		5049
1089	29	Rotrod, Comte de Victry en Partoys, assembla plusieurs Francoys, & alla en Espaigne faire guerre aux Sarrazins, & y conquist plusieurs villes, chasteaulx, grādpays & de longue estendue, qui depuis ont este erigez en deux royaumes, c'est assauoir Nauarre & Arragon.	5050
1090	30		5051
1091	31		5052
1092	32		5053
1093	33	Yues Euesque de Chartres.	5054
1094	34	Robert, Comte de Flādres. C'est celuy qui fut au voyage de Hierusalem auec	5055

f

Ans de le- us Christ	Ans du regne.		Ans du monde.
		Godefroy de Buillon.	
1095	35	Le Concile de Cleremõt soubz le pape Vrbain, auquel les choses ecclesiastiques furent reformees & mises en ordre.	5056
1096	56	On delibere d'aller en la terre saincte, contre les Sarrazins.	5057

Le catologue des Seigneurs de France, de ceulx qui ont este cõducteurs & chefz quasi de toute l'armee.
Pierre d'Amiens, l'Hermite:
Aouyn, Euesque du Puy en Auuergne:
Guillaume Euesque d'Orenge:
Hue le grand, frere du Roy:
Godefroy Duc de Lorraine: Eustace & Baudouyn freres, enfans d'Eustace, Cõte de Boulongne Belgique. Godefroy, affin que rien ne le retardast pour fournir aux fraix dudict voyage, vendit la cité de Metz aux citoyens d'icelle: & la Duché de Buillon à Oubert, Euesque du Liege Robert Duc de Normandie engage tout son bien à ses freres, pour parfaire le voyage.

Robert, Comte de Flandres, Raymond Comte de Tholoze, Estienne, Comte de Bloys. Herpin, Comte de Bourges pour ce faire vendit Bourges au Roy, soixante mil escuz d'or. Bohemond & Tancret son frere, & plusieurs autres de Germanie, Italie, Escosse, & autres pays Chre-

La S. guerre cõtre les Sarrazins.

de France. Feuil. xlii.

Ans de Iesus Christ	Ans du regne		Ans du monde.
		stiens. Il y auoit en la cõpaignie enuiron six cens mil hommes de pied. Otho l'Euesque y meist trois cens mil combatans. Les Francoys ont la superintẽdẽce de toute l'armee, par le commun consentement de toutes les nations d'Occidẽt, & ce à raison de la grand experience qu'ilz ont quant au faict des armes.	
1097 1097	37	Robert de Lorraine, homme noble, puissant, & de grandes lettres, delaisse les honneurs & richesses pour suyure Iesus-Christ & pauureté. Il institua l'ordre de Premonstré.	5058
1098	38	Le commẽcement de l'ordre de Cisteaux.	5059
1099	39	La cité de Hierusalem fut prise par les Chrestiens le, xxix. iour apres qu'elle fut assiegee, qui fut le quinzieme de Iuillet, & selon Emile le quatrieme.	5060
1100	40	GODEFROY, Roy de la terre saincte, la mort dudict Godefroy le dix-huytieme de Iuillet.	5061
1101	41	Baudouyn, Roy de Hierusalem.	5062
1102	42		5063
1103	43		5064
1104	44	Loys le Gros en sa grãd' ieunesse, deuant qu'il fut couronné Roy, du viuant de son pere, & ainsi le permettãt, à reprimé les seditiõs qui estoient au royaume, & a defendu le droict de l'Eglise contre vn Parisien, nõmé Bouchard, Seigneur de Mõtmorency, Drouet, Seigneur de Montlay Elbon, Côte de Roussy, Leonnet de Mascon: & contre Matthieu de Beaumont.	5065

F ii

Chronique des Roys

Ans de le sus Christ	Ans du regne.		Ans du regne
1105	45		5066
1106	46	Le Roy donne en mariage sa fille Constance à Bohemond, quãd il fut de retour en France, il promect l'autre, nõmee Cecille, qu'il auoit eu de Berthrade à Tancret, absent, & la luy enuoye: puis apres Tancret se mourant la recommande à Ponce Tripolitain, & luy fait espouser.	5067
1107	47	Le Concile de Troye soubz le pape Paschal, qui estoit venu en Frãce demander secours au Roy, contre la menee de l'Empereur, auquel il renouuella & ensuyuit l'institution & decret du pape Gregoire, en prohibent aux prebstres le mariage & excommuniant les simoniaques.	5068
1108	48		5069
1109	49	Le Roy decede à Melũ le xxix. de Iuillet, & est enterre à S. Benoist sus Loyre. Le Gros fut oinct & sacre le 3. d'Aoust	5070
110	1	**Loys le Gros, xxxix. Roy, xxviii. ans.** en la ville d'Orleans, en l'eglise sainct Saßon, par Gilbert, archeuesque de Sens, nõobstãt les oppositions que feirẽt ceulx de Reims, disans auoir seulx ce droict.	5071
1111	2	Les Princes & Gentilz hõmes du Royaume font sedition contre le Roy, ayans en leur ayde le Roy d'Angleterre, &	5072
1112	3	luy feirent par long temps beaucoup de peine. Finablement, toutesfois il les vainquit. Entre les conspirateurs y estoit phi	5073

de France. Fueil. xliii

Ans de Iesus Christ	Ans du regne.		Ans du monde.
		lippe, frere bastard du Roy, qui auoit espousé la fille du Comte de Montlehery Baudouyn dict la Congnee, Comte de Flandres.	
1113	4		5074
1114	5	Enuiron ce temps commencerent les ordres des Templiers & des Chartreux.	5075
1115	6		5076
1116	7		5077
1117	8		5078
1118	9	Le commencement de la premiere guerre contre les Anglois, laquelle nonobstāt six cens appoinctemens, est tousiours renouuelee. Gelasius nouueau pape, qui portoit grand inimitié à l'Empereur Henry,	5079
1119	10	Baudouyn, Roy de Hierusalem. Loys le Gros s'en va en Normandie, & veult mettre en possession Guillaume, filz de deffunct Robert. En ceste guerre Baudouyn, Comte de Flandres, apres auoir esté blecé, mourut, auquel succeda Charles, filz de Cunet, Roy des Dannoys. s'en vient en France demāder secours. Il auoit ordonné vn Concile à Reims, mais il mourut en chemin, & fut enterré à Cluny, Calixte, Bourguignon son successeur Pape, fait continuer le Concile à Reims le xvi d'Octobre. Par la deliberation du Concile il declare l'Empereur ennemy de l'Eglise. En apres il deffend que les prestres, diacres & soudiacres, n'ayent point de con	5080

f iij

Chronique des Roys

Ans de Iesus Christ	Ans du regne		Ans du monde.
		cubines. Outre il excommunie tous ceulx qui veulent auoir argent des baptesmes & enterremens.	
1120	11	L'Empereur Henry, par l'enhortement du Roy d'Angleterre, son beau pere, vient assaillir France, au moys d'Aoust. Luy estant mal voulu de ceulx de Reims, pour l'iniure & la playe qu'il auoit faicte à leur ville, apres auoir congneu la puissance du Roy, il eut paour & s'en retourna en sa maison. Vn peu apres il accorda auec le Pape, au moyen dequoy il demoura amy du Roy	5081
1121	12	Sainct Bernard au xxij. an de son aage, auec trête de ses compaignons en vn iour	5082
1122	13	se rendirent religieux de l'ordre de Cisteaux: & depuis ledict temps ledict	5083
1123	14	ordre qui parauant estoit pauure, commence à florir & augmenter en vertuz	5084
1124	15	& biens, & lors en estoit Abbé vn nommé Estienne. Et tantost apres l'egli-	5085
1125	16	se & Abbaye de Clereuaux fut fondee sur la riuiere d'Aube, en Champai-	5086
1126	17	gne, & en fut ledict sainct Bernard premier Abbé.	5087
1127	18	Charles, le bon Comte de Flandres, fut tué a Bruges dedans l'Eglise de sainct Donast, par les conspirateurs le vingt & quatrieme iour de Feurier, qui estoit le iour des cendres, auquel lieu le Roy alla & vengea tresrigoreusement le patricide, & feit Guillaume de Normandie	5088

de France. Fueil. xliiii.

Ans de le sus Christ	Ans du regne.		Ans du monde.
1128	19	Comte de Flandres, lequel fut destruyct par son auarice & obstination, ennemy de tout le monde. Luy occis en ce conflict, & tous les autres qui pretendoient droict au Comté appellez, Theodoric d'Elsate fait la foy & hommage au Roy de ladicte Comté. En Hierusalem les affaires & negoces des trois ordres de sainct Iehan, sçauoir est des Hospitaliers, des Templiers, & des Teuthomiens furent tresexcellemment & vertueusemēt administrees au commencement de leur origine. Thomas de Merle, homme rebelle & mutin contre les officiers du Roy, & contre les gens d'Eglise, est excommunié par le Legat du Pape, au Concile de Beauuais: a cause qu'il auoit fait mourir de mort cruelle Galderic l'Euesque de Laon.	5089
1129	20	Finablement luy mesmes fut occis par Raoul Comte de Vermandoys. Loys le Gros soustenant la cause de l'Eglise va iusques en Auuergne, pour accorder l'Euesque de Clermont auecques le Comte dudict lieu. Guillaume Duc de Guyenne, par sa prudence appaisa tout. Philippe en sa grande ieunesse fut couronné & sacré Roy a Reims le quatorzieme iour du moys d'Auril: auquel sacre estoient Presens le Roy son pere, & Henry Roy d'Angleterre, ce fut le propre iour de Pasques.	5090
1130	21	Hugues de sainct Victor, Docteur en	5091

f iiii

Chroniques des Roys.

Ans de Iesus Christ	Ans du regne.		Ans du monde.
		Theologie à Paris. Le pape Innocent pour la puissance d'Anacletus, antipape, s'enfuyt en France, ou il fut honnorablement receu, & y assembla deux Conciles, l'vn à Reims, l'autre à Clermont. Le Pape estant en France deux Roys par honneur l'allerent veoir & visiter. Celuy de France en la ville d'Orleans, & celuy d'Angleterre à Chartres.	
1131	22	Foulques, Comte d'Aniou, Roy de Hierusalem. Philippe le ieune Roy passant le xiij. d'Octobre par les faulxbourgs de Paris tombe de dessus son cheual, à l'occasion d'vne truye qui se meit entre les iambes de sondict cheual, & se blessa tant qu'il en mourut. Son corps fut enterré à sainct Denis. Platine & Blondeau entendent que le pape Innocēt soit venu en France durant ledict Roy Philippe, autrement ilz errent : mais c'est sans merueille : car c'est vne histoire estrange & foraine. Loys le ieune au temps du Concile de Reims le xxv. Octobre, par le vouloir de son pere fut couronné à Reims en tres grand magnificence, par le pape Innocent, affin d'estre compaignon du royaume auec son pere. Quelque peu de temps apres Lotaire remeine le Pape à Romme pour estre couronné par luy de la couronne de l'Empire.	5092
1132	23		5093
1133	24		5094
1134	25	La mort de Henry Roy d'Angleterre, en Normandie, le corps fut porté en-	5095

Ans de Iesus Christ	Ans du regne.		Ans du monde.
		terre en Angleterre, & luy succeda Estienne son nepueu de par Adelle, sa	
1135	26	soeur, qui estoit filz d'Estienne Comte de Chartres & de Bloys, frere de Thibault	5096
1136	27	Comte de Champaigne, lequel estoit nommé Comte de Boulongne & de Mortaigne de par Mathilde sa fême fille d'Eustace Comte de Boulongne.	5097
1137	28	Loys le ieune espousa à Bordeaux Alienor la plus aagee fille heritiere de Guillaume, Duc de Guyenne. Incontinent apres son pere Loys le gros trespassa à Paris le premier iour d'Aoust. Emile dit que c'est le xxx. de son regne, mais i'estime qu'il erre en cest endroit, comme on peult veoir par les nombres depuis l'an mil cent dix iusques à mil cent.xxxvii.	5098
1138	1	**Loys le ieune, quarantieme Roy.xliii.ans.** Il y a faulte au nôbre des ans de Iehan d'Estampes, ou erreur en la supputation des temps. A ceste fin soit veu Emile. I'ay leu quelque Historien qui estoit de ce temps la, lequel escripuoit toutes choses qui se faisoient lors tant petites peussent elles estre, qui n'eust obmis a escrire vn si grand accident si iamais telle chose fust aduenue. Les Francoys sont empeschez pour la guerre de Mathilde l'Emperiere, & de son filz Héry Côte d'Aniou, contre Estienne Comte de Bloys, pour la succession du Royaume d'Angleterre finablement le Comte d'Aniou	5099

Cronique des Roys

Ans de le sus Christ	Ans du regne.		Ans du monde.
		s'accorda, que du vivant d'Estiēne il s'abstiendroit du royaume, mais qu'apres sa mort il en iouyroit. Qu'elqu'vn en cest endroict faignit estre l'Empereur Henry lequel fut incontinent faict moyne au monastere de Cluny.	
1139	2		5100
1140	3	Le Concile Françoys tenu à Sens contre l'heretique Breton, nommé Pierre Abayelard.	5101
1141	4	Il n'y a pas grand accord entre le Roy & le Pape, a cause que le Pape auoit enuoyé a Bourges vn quidam, nommé Pierre, pour estre Euesque du lieu, contre le vouloir du Roy, auquel aussi contre le vouloir dudict Roy, Thibault Côte de Bloys fauorisoit.	5102
1142	5	Constance la soeur du Roy est donnee en mariage a Eustache, filz d'Estienne Roy d'Angleterre. Raoul Comte de Vermandoys, apres auoir repudié sa femme, prend pour femme Peronelle la soeur de la Royne Alienor, lequel le Pape excommunia, auec tous les Euesques qui auoient consenty tel mariage, & ce par la persuasion de Thibault, contre lequel Loys le Gros, estāt indigné reiecta sus luy toute la faulte.	5103
1143	6	Le Roy par grand despit fait demolir le chastel de Victry, qui appartenoit au Comte de Bloys, & fait brusler l'eglise auec bien mil & cinq cens, tant hommes que femmes de tout aage, qui se cuy-	5104

de France. Fueil. xlvi

Ans de Ie- sus Christ	Ans du regne.			Ans du monde.
		doient sauuer en ladicte eglise.		
1144	7	Le Roy se repentant d'auoir commis tel insolence, estant consolé, & conseillé par sainct Bernard, se delibere d'entrepren-dre la guerre contre les infideles. Alors certes sainct Bernard n'auoit autre estudie que d'inciter les Prin-ces Chrestiens à fai-re la guerre contre les ennemys de la foy, ce que souhaictoit aussi le Pape.	Baudouyn Roy de Hie-rusalem.	5105
1145	8	Le Roy prend la croysade à Vezelay, faisant profession de la saincte guerre. Le pape Eugene s'en vient en France, et illec assemble vn Cōcile à Paris et à Reims. S. Bernard s'en va en Allemaigne pour pres-		5106
1146	9	cher, & pour persua-der la guerre cōtre les infideles. A la persua-sion duquel l'Empereur Cōrad, auec grād nō-bre de princes, prēd les sainctes armes. Iceluy Empereur se voulant diligenter partit deuāt	Le Pape erige Tournay en e-uesche: nōobstant qu'au parauant elle eust esté bien pres de six cens ans soubz l'Eues-ché de Noyon. Au Concile fut	5107
1147	10	le iiij. de Feurier. Le roy menant sa femme auec luy, cheminānt p la Germanie et la Hō-grie, trouue l'Empe-reur en Asie le. xv. de	condāne l'erreur de Gilbert Po-ree, Euesque de Poitiers, sans tou-tesfois qu'il luy fust imputé auc-	5108

Chronique des Roys

Ans de Iesus Christ	Ans du regne.		Ans du monde.
		May, auquel estoit ia aduenu incōueniēt au moys de Nouembre, crime, ou note de infamie : pource que tousiours il submettoit sa cause a l'arbitre & iugement du Concile du Pape.	
1148	11	En Ianuier prochain le Roy n'eut gueres meilleure fortune. A raison dequoy luy delaissant Antioche, & Conrard delaissant l'Empereur de Grece, s'en vōt tous deux en Hierusalē, vers le Roy Baudouyn, qui estoit encore bien ieune. Lors assemblerent leurs armees & puissances & meirent le siege deuant la ville de Damas (les Annales d'Auras) & la battent, mais à raison de quelque diuisiō & fraude qui suruint, furent contraincts de leuer le siege. L'Empereur Conrard s'en retourne en son pays. Les Francoys endurent beaucoup de maulx en Syrie.	5109
1146	12	Le Roy desqlz cuida biē estre pris, n'eust esté que Georges, Lieutenant de Roger, Roy de Sicile, le secourut : Il eschappa & s'en vint en France. Henry, frere du Roy, moyne de Cleruaux, de Euesque Beauuais	5110
1150	13	Apres que le Roy eut de sa femme Alienor deux filles, Marie laisnee, & Alix la plus ieune, a son retour au Concile de Baugency la repudia, & prend a femme Constance, fille d'Alphons, Roy d'espaigne, laquelle fut couronnee Royne a Orleans. Il s'en alla en Espaigne par deuotion a sainct Iaques, aussi pour visiter son beau pere.	5111

de France. Fueil. xlvii.

Ans de Iesus Christ	Ans du regne		Ans du monde.
1151	14		5112
1152	15	Ce pēdāt par despit & en haine du Roy, Alienor se marie auec vn autre, scauoir est a Henry, Comte d'Aniou, qui deuoit succeder au royaume d'angleterre, auquel oultre le gre du Roy elle apporta son premier douaire, Poitou & Guyenne. Ce mariage a esté cause de grandes guerres contre les Anglois.	5113
1153	16		5114
1154	17	Icy mourut Estienne, Roy d'Angleterre, & fut Roy aprex luy Henry, duc de Normandie, Comte de Poitou & d'Aniou, lequel en lan mil cent cinquāte sept meit en sa subiectiō ceulx de la prīcipaulté de Galles & d'Ybernie.	5115
1155	18		5116
1156	19	Le Roy Loys exempta & affranchit l'eglise metropolitaine de Sens, des exactions qui auoient accoustume d'estre leuees a la mort des Archeuesques.	5117
1157	20		5118
1158	21		5129
1159	22	Philippe, frere du Roy, Archediacre de Paris, cede lelection de l'Euesché a Pierre le Lombard, docteur en Theologie, tres docte. Par l'instruction & authorité dudict Lombard, Euesque, fut arresté que les barbes seroient abatues, ce qui fut ainsi faict. Le pape Alexādre iii. pour la crainte que luy faisoient l'Antipape & l'Empereur s'enfuyt en Frāce	5120
1160	23		5121
1161	42	Il assembla vn Concile a Cleremont, & vn autre a Tours. Constance meurt en	5122

Chronique des Roys

Ans de le sus Christ	Ans du regne.		Ans du monde.
		l'enfantement d'Adelle sa plus iune fille, laquelle suruesquit sa mere E-mile dit qu'elle mourut plus tost, c'est assauoir deuant deux ans accomplis aprez ses nopces, en delaissant deux filles Marguerite & Adelle. Icy s'ensuy l'Hystoirien de ce temps la. Le Roy espouse sa trosieme femme Adelle, fille de Thibault Comte de Champaigne, de laquelle bien tost il aura Philippe & Agnes ses enfans.	
1162	25		5123
1163	26	Marguerite la fille du Roy est donnee en mariage au filz du Roy d'Angleterre, qui succeda au royaume. Poly. Verg. Hermery Roy de Hierusalem.	5124
1164	27	Le Concile de Tours soubz le pape Alexandre. Ce qui auoit esté faict & ordonné au Concile de Pauie, auquel presidoient Victeur & Federic, fut condamné. Sainct Thomas de Cātorbie parlemēte auec le Pape à Sens, ou il demoura plus d'vn an deuāt que s'en retourner a rōme.	5125
1165	28	La natiuité de Philippe Auguste le vingt deuxieme d'Aoust.	5126
1166	29	En ce temps se meut guerre contre le Roy Henry d'Angleterre & ses trois filz, Henry, Richard & Geofroy.	5127
1167	30		5128
1168	31	Philippe Comte de Flandres.	5129
1169	32		5130
1170	33		5131
1171	34	S. Thomas Archeuesque de Cātorbie.	5132

de France. Fueil. xlviii.

Ans de Ieſus Chriſt	Ans du regne.		Ans du monde.
		ayant eſté .vij. ans en exil en France, ſoudain qu'il retourna en Angleterre fut mis à mort. Eſtienne Comte de Sanxerre porte audict lieu (par le cõmandement du Roy) tout l'argent qui auoit eſté liberalement & iuſtement donné de toute la France, pour le ſubſide & recouurement de la terre Sainéte.	
1172	35		5133
1173	36	Baudouy Roy de Hieruſalem.	5134
1174	37	Sainct Thomas de Cãtorbie eſt canonizé par le pape Alexãdre. Pour raiſon de	5135
1175	38	la mort duquel le Roy Henry enuoye ſes meſſagers à Rõme pour s'en excuſer vers	5136
1176	39	le Pape, lequel enuoya deux Cardinaux en France deuers ledict Henry, qui pour	5137
1177	40	lors ſe tenoit à Chinõ en Touraine, pour faire information ſus ſon innocẽce, lequel	5138
1178	41	Henry iura & afferma par ſerment ſolẽnel preſens leſdictz Cardinaulx, que ledict S. Thomas n'auoit point eſté tué par ſon conſeil, ne de ſon conſentement.	5139
1179	42	Agnes, la fille du Roy, en l'aage de .viij. ans eſt enuoye à Emanuel, Empereur de Grece, pour eſtre eſpouſee auec ſon filz Alexis. Loys eſtãt maladif fait couröner à Reims ſon filz Philippe le .1. de Nouẽb. au courönemẽt aſſiſta Hẽry le ieune Roy d'Angleterre, beneficié en Frãce et par Le premier edict du nouueau Roy fut cõtre les blaſphemateurs du nõ de dieu, & cõtre ceulx qui ignominieuſemẽt & auec	5140

Ans de Ie-sus Christ	Ans du regne.		Ans du monde.
		opprobres, pour choses trop legieres & friuoles l'appellent en tesmoignage. Par lequel edict il condānoit toutes telles manieres de gēs a estre gectez en la riuiere, sans encourir la mort. Le second fut contre les ioueurs d'instrumens basteleurs, farceurs, et autres plaisanteurs: ausquelz il deffendit sa court.	
1180	43	Philippe estāt a Paris à vn iour de sabbat le vingtsixieme de Feurier, entra en la synagogue, pilla et spolia les Iuifx. Le vingtneufiesme iour de May, iour de l'ascension de nostre Seigneur, Philippe fut de rechef couronné Roy, auec sa femme Elizabeth, fille de Baudouyn, Comte de Henault. Philippe, Comte de Flandres, oncle d'Elizabeth, fut autheur du mariage. Le pere a veu son filz Roy vn an durant, auec grandissime ioye. Il estoit alle par deuotion à S. Thomas de Canterbie, en Angleterre: mais luy estant de retour, a Paris, mourut le .xxix. iour de Septembre. & fut porte au monastere de Barbeau, ordre de Cisteaux, lequel il auoit fait edifier. La Royne Adelle (que Gaguin appelle Alix) fait construire vn tumbeau a son mary, singulierement enrichy d'or et d'argent, & de fine pierrerie.	5141
1181	1	Philippe Auguste Dieu donné xli. seul Roy, quarante & troys ans. Au commencement de son regne il fut	5142

| Ans de Ie-| Ans du | | Ans du |
sus Christ	regne.		monde.
		aspre à reprimer les seditiõs des ennemys tant des siens que de ceulx de l'Eglise.	
1182	2	En Juin les Iuifz furent contrainctz sortir hors du Royaume.	5143
1183	3		5144
1184	4.	Baudouyn ieune enfans, Roy de Hierusalem. La guerre de Flandres. Philippe, Comte de Flandres, est contrainct d'acccorder auec le Roy, touchant la Comté de Vermãdoys, & appoincterent en sorte qu'aprez sa mort elle seroit du dommaine de France. Guy de Lusignan, qui estoit de la tresnoble maison de Poitou, Roy de Hierusalem.	5145
1186	6	Godefroy, Duc de Bretaigne, meurt à Paris, delaissant sa fême enceincte, laquelle soubdain accoucha de son filz Artus.	5147
1187	7	La naissance de Loys, filz du Roy Philippe, le sixiesme de Sedtembre. La fin du royaume de Hierusalem. La S. cité le quatre vigt & neufiesme an apres qu'elle auoit esté ostée aux Barbares, fut rendue par force à Saladin, qui la gaigna de force le. xxvi de Septembre. P. Emile.	5148
1188	8	Le. xiii. de Ianuier les Rays de France & d'Angleterre s'assemblerẽt vers Calais, & delibererent du voyage de la terre saincte. En Mars, le Roy assemble vn Concile à Paris, auquel les decimes luy furent accordees, lesquelles furẽt appellees en commun langage, les decimes Saladin, autrement Saladines. Les Anglois ne tiennent pas leur promesse, tou-	5149

Chronique des Roys

Ans de le sus Christ	Ans du regne.		Ans du monde.
		chant l'entreprise du voyage. Richard, filz du Roy d'Angleterre, delaissant son pere suyt le party des Francoys. Philippe Auguste occupe le Mans & Touraine, de laquelle chose de courroux & de despit le Roy d'Angleterre mourut à Chinon le sixiesme de Iuillet. Incontinent	
1189	9	que richard, son filz, fut Roy d'Angleterre, Philippe Auguste luy rēd ses villes qu'il auoit prises du viuant de son pere, & conuiennent entre eulx du voyage ia par cy deuant par eulx entreprins. Le xx. de Feurier la Royne Elizabeth deceda à Paris, & fut son corps enterré en l'eglise nostre Dame.	5150
1190	10	Adelle, la mere du Roy, regēte en France. Guillaume, Archeuesque de Reims, oncle du roy, Legat. Philippe se preparāt pour le voyage de Hierusalem leur baille en garde son filz, & leur laisse le gouuernement du royaume. Ce Roy Philippe à prudēmēt institué plusieurs choses en son tēps pour l'vtilité de la republique. Il crea les Escheuins à Paris, il feit clorre de murailles vne grand' partie de la ville, il feit pauer grand quantité des rues, il feit edifier le cymetiere de S. Innocent, il feit cōstruire les Halles, il feit clorre de murs le boys de Vincennes. Le Roy monte sus la mer au port de Gennes, lequel ne fut gueres esloigné qu'il ne s'esleuast vne telle tēpeste que plusieurs de sa cōpaignie furent noyez. Richard, Roy d'Angleterre se voyāt vent a gré, monte sur mer a Mar-	5151

de France.   Feuil. I.

Ans de Iesus Christ.	Ans du regne.		Ans du monde.
		selle, l'vn & l'autre arriuerent en Sicile au moys d'Aoust, ou ilz furēt cōtrainctz passer leur hyuer. Entre les Roys qui estoient ainsi sans rien faire durāt l'hyuer sourdit (cōme il aduient) grand dissensiō	
1191	11	Philippe s'en va le premier en Syrie: Richard fut iecté par la tempeste en Cypre, ou il met a mort le tyrand qui le cuydoit empescher d'aborder: & prend l'Isle de force, & y met garnison. De la il s'en va vers le roy Philippe qui assiegeoit la ville d'Acone les vns l'appellent Ascalon, laquelle apres qu'ilz eurēt assemblé leurs forces, peu de temps aprex ilz prindrent. Soubz Maurice, Euesque de Paris, fut edifiee l'eglise nostre Dame. Marguerite, Comtesse de Flandres. Le roy voyant la peste s'augmenter en son camp laisse la plus grande partie de son armee, soubz la charge d'Eude, Duc de Bourgongne, & auec Ruffin Volte son nautonier, Genevoys, apres qu'il eut visité le Pape en passant, s'en reuiēt en France, ou il arriue en uiron Noel, Le roy Richard d'Angleterre demoure en Syrie.	5152
1192	12	Le Roy Richard vend le royaume de Cypre a Guy de Lusignan, lequel a esté gardé par ses successeurs quasi tousiours iusques a nostre tēps, & iusques a ce que les Venitiens ont commencé par le menu a s'en dire Seigneurs. Philippe Auguste chasse tout soubdain Baudouyn, Comte de Flandres, des lieux fors bien & muniz qu'il occupoit.	5153

Chronique des Roys

Ans de le sus Christ	Ans du regne.		Ans du monde.
1193	13	L'euant que le Roy Richard peust estre deliuré d'Allemaigne, ou il estoit detenu prisonnier, Philippe Auguste prend Gisors, auec tout le douaire de sa sœur Marguerite, repudiee par le roy d'Angleterre, laquelle puis apres il maria au Comte de Poitou.	5154
1194	14	Famine.	5155
1195	15	Le Roy philippe, & Baudouyn, Comte de Flandres, sont paix ensemble. La creation de la Comté d'Artoys, laquelle est baillee au filz du Roy. Loys premier Comte d'artoys. Le Roy prend a femme Ysamberge, sœur du Roy de Hongrie, laquelle il repudia dedans les troys	5156
1196	16	moys, et la feit mettre en prisõ en la tour d'Estampes. Au moys de Iuin ensuyuant il espousa Marie, la fille du Duc de Morienne. Les Iuifz sont rappellez en France, par le Roy Philippe.	5157
1197	17	La guerre entre les Frãcoys et les Anglois, et leurs alliez,	5158
1198	18	aspre & diuerse d'vne part & d'autre. Le Legat du Pape, enuiron la feste S. Michel, au Concile de Diion interdist secrettement tout le Royaume de France, a l'occasion du second mariage du Roy.	5159
1199	19	Apres que telle sentẽce fut promulguee le Roy fort indigné & marry, poursuyt ceulx qui auoient assisté au Concile, & se venge d'eulx asprement.	5160
1200	20	La paix entre le Roy Philippe, & le bã	5161

de France   Fueil. li.

Ans de Iesus Christ	Ans du regne.		Ans du monde.
		Roy d'Angleterre. Loys, le filz du Roy, espouse Blanche, fille d'Alphons, Roy de Castille, & de la sœur de Iehan, Roy d'Angleterre.	
1201	21	Par le moyen d'autres Legatz du Pape qui vindrent en France, & qui assemblerent vn Concile a Soissons, le Roy reprint sa femme Ysamberge, & la ramena derriere luy sus son cheual. Octouian Cardinal, vn des Legatz demoura en Fráce Legat perpetuel. Marie la derniere femme du Roy, se voyãt repudiee, impatiente de la douleur, de grand d'espit qu'elle en eut trespassa a Poissy. Par la sollicitude du Roy, toutesfois le Pape Innocent legitima les enfans qu'il auoit eux d'elle, c'est assauoir Philippe, qui depuis fut Comte de Boulongne, & Marie qui fut espousee au Comte de Louuain.	5162
1202	22	Iehan, Roy d'Angleterre desconfit en Poitou Artus, son nepueu, Duc de Bretaigne, cõtre lequel il auoit la guerre, & lequel auoit ia acquis grãd'puissance, & la fait tuer apres l'auoir quelque espace de tẽps fait estroictement garder, le Roy s'efforce de poursuyure le Roy d'Angleterre, & de venger la mort d'Artus, & le parricide.	5163
1203	23	Philippe Auguste receoit toute la Normandie, & en iouyst l'an deux cens soixante. Emile dit deux cens septante, apres qu'elle auoit esté baillee a Rhollo. Le Roy d'Angleterre fut presque dechasse de toutes les possessiõs qu'il tenoit	5164

g iii

Chronique des Roys

Ans de Ie suſChriſt.	Ans du regne.		Ans du monde.
1204	24	en France, par ſa faulte & laſcheté. Les Fráncoys ſe ſaiſiſſent de l'empire de Grece le douzieme d'Auril, apres qu'ilz eurẽt conqueſté Constantinoble, par l'ayde des Venitiens, & autres leurs compaignons auſquelz ilz payerent les fraiz de la guerre. Baudouyn, Comte de Flandres, Empereur de Conſtantinoble, rend l'Egliſe Grecque obeïſſante & d'accord auec celle de Romme.	5165
1205	25	Henry, frere de Baudouyn, Empereur des Grecz Auguſte.	5166
1206	26	Iehanne, Comteſſe de Flandres.	5167
1207	27	Sainct Dominique va vers les Tholoſains & Albigeoys, pour confuter l'erreur des heretiques	5168
1208	28	Amaurry, Eueſque de Chartres, de ce temps la homme de grand ſcauoir, mais heretique. Les adherens duquel, auec les oſſemẽs d'iceluy qu'on deterra furẽt bruſlez à Paris.	5169
1209	29		5170
1210	30	Simon de Montfort expedié pour aller faire la guerre contre les heretiques Albigeoys, prend Bigorre, Carcaſſonne, & Albic, & quelques autres villes circonuoyſines.	5171
1211	31	Ferdinand de Portugal eſpouſe Iehanne, Comteſſe de Flandres.	5172
1212	32	La guerre de Flandres.	5173
1213	33	La deffaicte des Albigeoys: en laquel le Pierre Alphons (ſelon Emile) Roy	5174

Ans de Ie‑ sus Christ	Ans du regne.		Ans du monde.
		d'Arragon, qui estoit venu pour les secourir, fut occis. Simon de Montfort poursuyt sa bonne fortune & victoire.	
1214	34	La guerre de Bouines. Le Roy Auguste demoure victorieux le quatrieme de Iuing, les autres disent que ce fut le vingtsixeme iour de Iuillet. Othon se sauue & prend la fuyte. Plusieurs furent prins prisonniers, entre lesquelz estoit Ferdinand, qui fut mené a Paris en la tour du Louure, nouuellement edifiee, Regnault de Boulongne fut mene a Peronne, le Comte de Sallebery, Anglois, fut mene a sainct Quentin, Au precedent Othon & aucuns de ses adherens auoient esté declarez par le Pape, meschans & ennemys de l'Eglise. Au conflict le Roy eut moult de peine, & fut en tresgrand danger. A son retour il feit construire pres de Senlis, vne Eglise, en l'honneur de la glorieuse vierge Marie, en memoire de sa victoire, laquelle il feit nommer nostre Dame de la Victoire. Gaguin erre en mon iugement, en disant que ceste guerre a esté faicte l'an mil deux cens & vnze. En ce mesme temps, & comme aucuns ont escrit, en ce mesme iour Loys, le filz du Roy enuoyé en Poitou, & en Guyenne, eut bataille contre Iehan Roy d'Angleterre: auquel affligé de tāt de diuerses sortes, l'Empereur accorde trefues pour cīq ans. Pierre Comte d'Auxerre, Empereur de Grece,	5175

Chronique des Roys

Ans de le sus Christ	Ans du regne.		Ans du monde.
1215	35		5176
1216	36	Simon Comte de Montfort, aydé du Roy pourfuyt le droict qui luy fut donné de la duché de Tholofe au Concile de Latrand, contre Raymõd comte de Tholofe, qui eftoit nouuellement renenu d'Efpaigne, auec les gens de guerre qui s'eftoient ioinctz auec luy, & pourfuyt par vn mefme moyen des Albigeoys. Loys, filz de Philippe, appellee par les gros Seigneurs d'Angleterre, a l'efperance de iouyr dudict royaume d'Angleterre, apres le ferment par eulx baillé, & les oftages receux par ledict Loys, trauerfa & paffa oultre le port de Sandoch, durant que lefdictz Seigneurs d'Angleterre auoient guerre contre leur Roy Iehan, lequel en ces entrefaictes mourut fubitement, apres la mort duquel les Angloys, cõmuans leur hayne en amour, feirent Roy Henry, le filz du deffunct roy	5177
1217	37	d'Angleterre. Quoy voyant Loys, fut contrainct pacifier auec eulx, a quelque fomme d'argent, & de s'en retourner en Frãce en l'annee mil deux cens dixhuict. Polyd Verg.	5178
1218	38		5179
1219	39		5180
1220	40	Robert filz de Pierre, Empereur des Grecz, Augufte.	5181
1221	41		5182
1222	42		5183
1223	43	Le Roy mourut d'vne fieure quarte a	5184

de France. Fueillet.liiii.

Ans de Ie-sus Christ	Ans du regne.		Ans du monde.
		Mante le xiiij de Iuillet, au poinct du iour. Par son testament il donna & laissa a Iehan de Brenes, Roy de Hierusalē qui l'estoit venu veoir, estant pres de sa fin, vne grande somme d'argent. Aussi feit il pareillemēt aux Tēpliers & Hospitaliers, & aux indigens, il donna tous ses habitz aux eglises. Son corps fut porté a sainct Denis, lequel fut enterré treshonorablement, & en grand' pompe & belle cōpagnie, presens Iehan, le Roy de Hierusalem, & le Legat du Pape, & autres Euesques qui estoient venuz a Paris au Concile contre les Albigeoys. Loys son filz, auec Blanche sa femme, fut sacré & couronne a Reims le. vi. iour d'Aoust, par l'Archeuesque du lieu, nommé Guillaume.	
1224	1	**Loys, pere de sainct Loys xlii. Roy, trois ans.** Simon, Comte de Montfort, fut tué au siege de Tholose. En ceste mesme annee il en aduint autāt a Guy son filz, auquel succeda Amaulry, son frere puisné L'assemblee du Roy & de Federic, Empereur d'Allemaigne, a Vaucouleur en Barroys, ou ilz prindrent alliance & amytie entre eulx, Matthieu de Montmorency, Connestable de France. Sauaric de Montleon mal traicté par les Anglois sur le party des Francoys.	5185
1225	2	Il se faict des courses legeres en Guyenne entre les Francoys & les Anglois.	5186

Cronique des Roys

Ans de Ie-sus Christ	Ans du regne.		Ans du monde.
		Aucun Boudouyn, supposé qu'il faignoit estre l'Empereur de Constantinoble, fut prins en Bourgongne, & le feit prēdre Iehanne la Comtesse de Flandres, qu'il disoit estre sa fille.	
1216	3	Le Cōte Amaury filz de Simon Comte de Montfort, Connestable de France. Au moys de May le roy s'en va contre les heretiques Albigeoys, il destruict Auignō & en fait abatre les murailles. A son retour il mourut a Mōtpēsier le .xij. de Nouembre. Loys son filz fut sacre Roy en l'aage de .xiiij. ans. le .xxix. iour de Nouembre par l'Euesque de Soissōs.	5187
1227	1	### S. Loys, quarātetroisieme Roy. xliiii. ans.	5188
		Blanche, la mere du Roy, par le vouloir testamentaire du deffūct Roy, demoura Regente en France, qui estoit vne femme moderée & sage, elle appaise beaucoup dinimitiez & simultez, tāt occultes qu'apres qui s'estoient leuees au cōmēcement du regne, reconciliāt à elle les s Princes, les vns par force, les autres par amour, & les autres pareillemēt qui s'estoient absentez, apres auoir conspiré contre son filz. Ymber est faict Lieutenant pour le roy, par blanche la Regēte, pour aller contre Raymond. Comte de Tholose. Le iour des Roys, Ferrand Comte de Flandres, fut deliuré, en payant sa rancō lequel fut receu à la court, & le tresbien venu vers sa tante la Regente, en	

de France. Fueil.liiii.

Ans de Ie-sus Christ	Ans du regne.		Ans du monde.
		ceste intention qu'il tint pour le Roy contre Philippe, Côte de Boulongne, qui estoit le prince de la conspiration. Iceluy feit auttailler Calays, & l'enuirôner de murailles. La Regente fait paix auec le Comte de Champaigne, apres que par le moyen de la mort de sa mere & de son oncle il fut Roy de Nauarre. Pierre Mauclerc, Duc de Bretaigne, à cause de sa femme Adelle, lequel pendant qu'il estoit le second chef de la conspiration, auoit fait venir les Anglois auec leur Roy en France, fut receu en amytié, en confessant qu'il tenoit sa Duché de Bretaigne de la couronne de France, & aussi principalement par les requestes & prieres de son frere aisné Robert, Côte de Dreux qui au parauant s'estoit sustraict du nôbre des conspirateurs, pour suyuir le party du Roy: A cause dequoy la conspiratiô de ceulx cy, & de beaucoup d'autres gros Seigneurs, vint à neant.	
1228	2	Thibault, Comte de Champaigne, Roy de Nauarre.	5189
1229	3	Baudouyn, filz de Robert, ieune enfant, Empereur de Grece.	5190
1230	4		5191
1231	5		5192
1232	6	Les escoles de Paris sont remises en leur entier par le Roy sainct Loys, lesquelles estoient toutes presque perdues, à raison des esmeutes & iniures qu'on faisoit aux escoliers & aussi qu'on en auoit fait	5193

Cronique des Roys

Ans de Iesus Christ	Ans du regne		Ans du monde
		mourir plusieurs. Le Roy d'Angleterre ne taschoit d'les attirer a soy en Angleterre, & les mettre en la ville d'Oxonne que les Angloys appellent Hochsfort.	
1213	7		5194
1214	8	Le Roy seul prenant la charge & administration du royaume, préd pour femme Marguerite fille de Raymond, Comte de Prouence. Ledict Raymond ne voulant retourner a Marseille, à raison de l'inimitié qu'il auoit conceue contre les siens (parce qu'ilz l'auoient voulu expulser, & appeller le ieune Raymond, Comte de Tholose) passa le demourant de sa vie chez son beau frere, le Comte de Sauoye. Cestuy Raymond eut quatre filles, lesquelles par vne grande félicité furent toutes mariées à des Roys. La plus aagée fut mariée au Roy de France. Alienor & Sainsse à deux freres, c'est assauoir l'vne à Henry, Roy d'Angleterre, & l'autre à Richard, Empereur esleu d'Allemaigne. Le Comte de Sauoye marie Beatrix la plus ieune, apres la mort de son pere, a Charles, frere du Roy de France, repudiant le Comte de Tholose. Ceste cy sera puis apres Royne de Sicille.	5195
1235	9	Iehanne, fille vnique de Raymond, Comte de Tholose, est baillée en mariage a Alphons, frere du Roy, & Duc de Poitou, par tel si qu'Alphons seul seroit heritier: neātmoins que son beau pere iouyroit de tout sa vie durant, comme vsufruyctier.	5196

de France. Fueil.lv.

Ans de le sus Christ	Ans du regne.		Ans du monde.
1236	10	Robert, frere du Roy, Comte d'Artoys, Charles frere du Roy, Côte d'Ariou, du Mans & de Prouence.	5197
1237	11	Le voyage & expedition sus la mer, pour aller en Asie, à l'ayde des Chrestiens, lequel entreprindrent Thibauls, Roy de Nauarre, Pierre Mauclet, Amaurry, Côte de Mōtfort, Henry, Comte de Bar, Baudouyn, Empereur de Constātinoble, vient en Fārce demander secours. Par le vouloir du Roy ses biēs qu'il auoit en France, & en Flandres, luy furent renduz auec la Comté de Namur.	5198
1238	12	Guillaume, Euesque de Paris, meut vne question, laquelle fut solennellement disputee audict lieu, & estoit la dispute de ceulx qui tiennent plusieurs benefices. Finablement fut ordonné & decreté qu'vn seul hôme n'en pourroit tenir deux sans peché mortel. Les Annales de France en parlent, & autres histoires.	5199
1239	13	La courōne d'espines, & autres sacrez reliquaires de la passion de nostre Seigneur, comme le fust de la vraye Croix, l'esponge, le fer de la lāce, que Baudouyn auoit baillez en gage pour argēt aux Venitiens, sont desgagez & rachetez par le Roy sainct Loys, lesquelz il fait mettre dedans la saincte Chapelle du Palais à Paris, que nagueres il auoit fait edifier, & les baille la en garde. Il n'eust pas baillé le moindre benefice, ne la moindre prebende de ladicte Eglise, sinon à gens tresexquis, & de bonne vie, & du	5200

Chronique des Roys.

Ans de Iesus Christ	Ans du regne.		Ans du monde
		singuliere doctrine. Ie vous demande, qu'eust il fait s'il eust donné les Euefchez Emile. L'Empereur Federic s'efforce	
1240	14	de circonuenir le Roy en feignant vouloir parlementer auec luy, il prend auſſi aucuns Prelatz, comme ilz alloient au Concile à Romme, mandez par le Pape: mais finablement il les reſtitua aprez auoir receu lettres du Roy.	5201
			5202
1241	15		5203
1242	16	Hue, Comte de la Marche, abatu & vaincu par le conſeil & orgueil de ſa femme ne voulut point faire la foy & hommage à Alphons, Comte de Poitou. Elle fait venir en france le roy d'Angleterre, ſon filz, pour ceſt affaire, où ledict roy feit ſi pauurement ſes affaires, que ledict Hue fut contrainct de bailler le ſerment de fidelité, & faire ledict hommage audict Alphons.	
1243	17		5204
1244	18		5205
1245	19	Marguerite, Comteſſe de Flâdres. Le pape Innocent.iiii craignant l'empereur Federic, aprez s'en eſtre fuy en france aſſemble vn Concile à Lyon. Le Roy l'alla veoir à ſon arriuee, l'Empereur fut par luy iugé ennemy de l'Egliſe, excommunié & priué de ſon Empire. La robbe de pourpre, & le chapeau rouge, furēt premieremēt en ce Concile baillez aux Cardinaux. Apres que le roy euſt eſté grieuement malade à Pontoiſe, & qu'il euſt recouuert ſanté, il ſe delibera d'aller con	5206
1246	20		5207

de France. Fueil.lvi.

Ans de Iesus Christ	Ans du regne.		Ans du monde.
		tre les Sarrazins. Differens entre les freres, pour la succession durât la vie de leur mere Marguerite, Comtesse de Flâdres. Le Roy les accorda en ceste sorte, c'estaf sauoir que Guillaume & ses freres, enfans du Seigneur de Dampierre, du secód mariage, iouyroient de la Comté de Flandres, apres la mort de leur mere, & les enfans du premier mariage auroient le pays de Henault.	
1247	21	Henry premier Duc de Brabant, non obstât que ses ancestres eussent esté Comtes de Flandres.	5208
1268	22	S. Loys apres auoir de rechef institué Blanche sa mere Regente en Frâce, part de Marseille (les autres disent que ce fut d'Aix en Prouence) auec ses freres, Robert & Charles, & aussi auec Eude, Legat du Pape le xxv. d'Aoust, lequel iour en signe de memoire luy a esté consacré, & arriua en Cypre le xxi. de Septembre. La mort de Raymond, Comte de Tholose, retarde son gendre Alphons.	5209
1249	23	Le Roy entre en Egypte, debella la cité de Damiette. Robert, le frere du Roy, passant oultre, demoura en la bataille contre les Egyptiens, nonobstant que les Francoys eussent double victoire. Alphons arriua à Damiette le premier iour du moys de Nouembre. Le roy fut griefuement malade d'vne maladie qui print en son camp des grandes pauuretez, peines, labeurs & miseres, & laquelle augmentoit de iour en iour.	5210

Chronique des Roys

Ans de Iesus christ	Ans du regne.		Ans du monde.
1250	24	Noz gens lassez & rompuz des grandz maulx qu'ilz auoyent endurez, sont vne grand' perte, & sont mal menez des Barbares, par telle malheureté plusieurs vaillans gensdarmes moururët. Charles & Alphons furent prins. Damyette rëdue aux Sarrazins, auec vne grād' sōme d'argēt qu'il leur fut baillee, moyennāt qu'ilz accorderent tresues pour dix ans (les vns disent pour deux ans.) Donc le Roy deliuré s'en viët en Syrie auec peu de gendarmerie qui luy estoit demouree. La Royne, durant la captiuité du Roy, accouche d'vn filz, qui fut nommé Iehan, & surnommé Tristan, mal propre, & malheureux surnom. Le Roy deuant que s'en retourner rendit Sydon, Cesaree & Ioppe. Il assembloit tous les Chrestiens qui estoient serfz & captifz eux Sarrazins, & les rachetoit.	5218
1251	25	En ce tëps se leua en France vne grande compaignie de Larrons, gens perdus & desesperez, qui se faisoient appeller pasteurs, lesquelz incōtinent quilz entendirent la prinse du Roy, se meirent en armes: mais furent descōfitz, par ceulx de Bourges & d'Orleans.	5219
1252	26	Le trespas de Blanche, mere de sainct Loys.	5220
1253	27	Le retour du Roy en France. Robert institue la Sorbonne à Paris, & en fonde le college.	5221
1254	28	Le Roy enuoye Charles, son frere, vers Marguerite, Comtesse de Flandres, pour	5222

Ans de Ie-sus Christ	Ans du regne.		Ans du monde.
		la secourir contre ses enfans, Seigneurs d'Auignon, & Guillaume, Comte de Hollande, Empereur esleu.	
1255	29	Sainct Loys chassa de la court, basteleurs, farceurs, & toutes aultres telles manieres de gens, de nulle valleur: il osta & deffendit toutes brigues menees, & monopoles qu'on faisoit pour auoir les offices & dignitez: il feit que lesdictes offices ne seroient plus venales. Oultre,	5216
1256	30	deffendit que les offices ne feissent aucuns acquestz es limites de leurs iurisdi-	5217
1257	31	ctiōs, ne qu'ilz procurassent aucōs benefices pour leurs enfans. D'auantage, il or-	5218
1258	32	donna que les blasphemateurs, & ceulx qui prennēt le nom de Dieu en vain, eussent le fer chault au front. Beaucoup d'eglises, colleges, & sodalites se glorifient auoir esté fondees & construictes par cestuy Roy. Le Roy à reparé & remis sus le monastere de S. Denis ainsi qu'il est, & qu'on le veoit maintenant, estant pour lors Abbé dudict lieu Matthieu de Vendosme. En ladicte eglise il assembla les sepulchres de ses predecesseurs, & les feit mettre en bō ordre & reparer. Il edifia la maison Dieu, à Paris, qui est ioignant l'eglise de nostre Dame. Albert le Grand.	5219
1259	33	Baudouyn, Empereur de Grece, fut chassé hors de l'Empire par Paleologus. Lors expira l'Empire des Francoys à Constantinoble, duquel ilz auoient iouy depuis qu'ilz auoient prins ladicte vil-	5220

Ans de Ie-sus Christ.	Ans du regne.		Ans du monde.
		le par lespace de cinquante cinq ans. Sainct Thomas d'Acquin, predicateur.	
1260	34	Les ordres des Mendians eleuoient iusques au tiers ciel leur profession & genre de vie, & se preferoient aux autres en saincteté de vie, auec grand' sedition & diuision. Guillaume du temple d'amour, Docteur de Sorbône, & autres de grãd' erudition, mesprisent & desapprouuent telle mendicité publique & vulgaire, disans que c'est vne pauureté vouee sans cause, & debatoient & soustenoient que telle espece & maniere de viure estoit vn pretexte de religion, donné à ceulx qui vouloient viure en toute lascheté & oysiueté, en mendiãt.	5221
1261	35	Le liure qu'il en feit (qui encores auiourdhuy est en la librairie de Sorbône) fut condamné.	5222
1262	36	Le pape Vrbain. iiii. natif de Troye, de pauure lieu. Philippe, filz de S. Loys, le iour de la Pentecoste, aprez auoir sceu la diffinition du different de son heritage, espousa à Cleremont Elisabeth, la fille de Iaques Roy d'Arragon.	5223
1263	37		5224
1264	38	Charles, frere du Roy, Cõte de Prouence, auec sa femme, aprez estre party de	5225
1265	39	Marseille, & arriuez à Romme furẽt saluez Roys de Sicile, & de Hierusalẽ, par le biẽfaict du Pape, & partãt à luy tributaires. Charles descõfit & tua Menfroy à Beneuent, declaré par le Pape ennemy de l'eglise rommaine, & entre en posses-	5226

de France. Fueil.lviii.

Ans de Iesus Christ	Ans du regne		Ans du monde.
		...sion desdictz royaumes.	
1266	40	Charles, Roy de Sicile, Vicaire de l'Empire, au nom du Pape.	5227
1267	41	La naissãce de Philippe le Bel, filz de Philippe. La guerre d'entre Charles & Cõradin de Sueue, en vn champ qui maintenant est appellé le champ du Lion.	5228
1268	42	S. Loys aiant deliberé d'aller en Asie, ou Affrique, feit à Paris vn solennel appointement auec Henry, roy d'Angleterre, en la presence de plusieurs Nobles Seigneurs, tãt de Frãce que d'ãgleterre.	5229
1269	43	Les Normãs, Mãceaux, angeuins, Touregeaux & poiteuins, demourerẽt au roy de France. Au Roy d'Angleterre fut baillé grãd sõme de deniers, & l'aquitaine de pardela, auec aucũ pays de celle de deca, iusques a la riuiere de Charẽte, cõme le pais d'Agenoys, Cahors, & Limosin desquelz il feroit foy & hõmage au Roy de Frãce, en le recõgnoissant son superieur. Moyẽnant lequel appoinctemẽt Hẽry renõca tout le droict qu'il pouuoit pretẽdre au royaume de Frãce. Apres ce deliberent que Henry meneroit son armee en Oriẽt, & S. Loys iroit assallir Thunes, Poly. Verg. & quelques autres disẽt que ceste paix fut faicte l'an mil deux cẽs. lviij. La mort de Loys, filz de sainct Loys.	5230
1270	44	S. Loys auec ses.iii. enfãs partit de Marseille le.1. iour de Mars (les Annales de Frãce disent que ce fut d'Aix en Prouẽce) pour aller en Affrique, apres auoir laissé l'administration et gouuernement	5231

h ii

Ans de Iesus Christ	Ans du regne.		Ans du monde.

du royaume a Simõ, Comte de Neeſle, & a Matthieu de Vendoſme, Abbé de ſainct Denis. Il fut agité de grandes tempeſtes ſus la mer. Il debella Carthage, & meit le ſiege deuant Thunes. La peſte eſt grande en ſon camp. Iehan Triſtan, le filz du Roy mourut le premier. Son pere, le S. Roy alla bien toſt aprex luy, & mourut d'vn flux de ventre le vingtcinqieſme iour d'Aouſt. Aprex la mort duquel incontinent arriua en l'oſt Charles ſon frere, Roy de Sicile, auſſi feit Henry le Comte de Cornube, filz de Richard, frere du Roy d'Angleterre, Empereur. Philippe, filz de ſainct Loys, demoura Roy de France aprex le treſpas de ſon pere, lequel aprex auoir fait loix & ordõnances aux Sarrazins & Barbares et apres leur auoir impoſé tribut de payer tous les ans a Charles, roy de Sicile, quatre cens mil eſcus d'or s'en reuint en Frãce, auec le ſuſdict Roy de Sicile. En leur retour furent affligez de peſte & de tẽpeſte ſus la mer. En chemin, au port de Trappes, moururẽt Thibault roy de Nauarre, & tout ſoubdain aprex Yſabel, ſa femme, groſſe d'enfãt, fille du ſainct roy, Elizabeth auſſi, la nouuelle Royne, fẽme du Roy Philippe y mourut, ce qu'eſcript P. Emile, lequel erre grandement, en diſant qu'icy mourut Guillaume, Seigneur de Dampierre, Comte de Flandres: car il auoit eſté occis long temps deuant, pour raiſon de quelques querelles domeſtiques mais bien vray eſt, que Guy de Dam-

Ans de Ie-	Ans du		Ans du
sus Christ	regne.		monde.
		pierre son frere, auoit suiuy sainct Loys au voyage de Thunes.	
1271	1	**Philippe, filz de S. Loys, xliiii. Roy, xv. ans.**	5232
		Quand les obseques & funerailles de deffunct son pere, & de ceulx qui estoiēt mors audict voyage furent celebrees & accomplies, a sainct Denis: Le Roy se feit sacrer à Reims, par l'euesque de Soissons le xxx. iour d'Aoust. Aucuns le surnommēt le Hardy, mais il a esté d'vne si doulce & si amyable nature, qu'il ne peult a bon droict estre appellé Hardy, mais ouy bien Philippe, Duc de Bourgongne, Henry succede a Thibault, au royaume de Nauarre, ayāt espousé la fille de Robert, Comte d'Artoys, frere de S. Loys, dont	
1272	2	sortit Iehanne, fille vnique. Pareillemēt furent faictes les nopces de Pierre, Comte d'Alencon, frere du Roy, auec Iehanne, fille de Iehan, Comte de Bloys.	5233
1273	3	La guerre de Foix. Raymond Bernard Comte de Foix, aprez auoir esté vn an prisonnier, est remis en liberté. Le Cōcile de Lyon, par le pape Gregoire dixiesme, pour le recouurement de la terre Saincte, & aussi contre les Grecz,	5234
1274	4	errans touchant le sainct Esprit. Eustache Bonauenture, du baing royal, grand Ministre de l'ordre de sainct Francoys, fut audict Concile faict Cardinal. Le Roy premierement alla veoir le Pape, Emile fault icy, en prenāt l'an mil deux	5235

Ans de le sus Christ	Ans du regne		Ans du monde
		cens octante & quatre, pour l'an mil deux cens septante & quatre. La guerre de Castille en Espaigne, pour Ferran & Alphons mineurs & pupilles de Blanche, sœur du Roy, apres la mort de leur pere Ferrand de Castille. Iehanne de Nauarre orpheline, fut amenee en France apres la mort de son pere Henry, Roy de Nauarre, qui mourut à Pampelune. Eustace de Beaumarays est enuoyé au royaume de Nauarre, prēdre le serment du peuple, & des villes & citez, au nom de ladicte Iehanne, qui n'estoit qu'vn enfant de mamelle. Pour ce faire, à cause que les Nauarroys s'estoiēt rebellez contre luy, le Roy y enuoya pour le secourir Robert, Comte d'Artoys: auquel, à raison de ce, feit cesser la poursuyte qu'il faisoit en Castille. Le Roy espouse Marie, fille de Henry, Duc de Brabant, laquelle fut couronnee en la saincte chapelle du Palays, à Paris, le vingt & deuxieme iour de Iuing.	
1275	5	Le trespas de Loys, filz aisné du Roy, lequel on souspeconnoit auoir esté empoisonné, & pour en sçauoir la verité, furent enuoyez aucuns Prelatz en Niuelle, vers vne vieille sorciere (qui estoit de la secte de celles qu'on appelle Beguines) pour sçauoir d'elle ce qu'il en estoit. Icy peult on veoir combien sont honnestes quelque fois les seruices des Euesques, & dequoy ilz se sont autresfois meslez.	5236
1276	6	Pierre la Breche, premier Chambel-	5237

de France. Fueil. lx.

Ans de Ieſus Chriſt	Ans du regne.		Ans du monde
		lan du Roy, & general des finances, & qui auoit le gouuernement des plus grandes affaires du royaume, fut pendu & eſtranglé à Paris, à grand ioye de tous les Princes & Seigneurs de la court. Vn nommé Pierre, Eueſque de Beauuais, qui eſtoit ſon parent à cauſe de ſa femme, s'enfuyt vers le Pape. Le Roy de France s'en alla à Bayonne, & celuy de Caſtille au mont de Marſan, leſquelz voyant qu'ilz ne pouuoient venir au deſſus de leur intention s'en retournerent.	
1277	7		5238
1278	8	Iaques Meyere à eſcript iuſques icy la Chronique de Flandres.	5239
1279	9		5240
1280	10		5241
1281	11	L'accident du veſpre de Sicile le iour de Paſques, pour la luxure des Francoys & pour l'inſolence des gensdarmes. Les Siciliens ſe reuoltent contre leur Roy Charles, & font vne grand' tuerie de ſes gens, eſtant Prince de telle conſpiration Iehan de Prochyte, & conſtituent Roy ſus eulx, en ſon lieu, Pierre Roy de Arragon. Pierre Comte d'Alencon frere du Roy, paſſe oultre l'Italie, auecq groſſe armee, accöpagné de pluſieurs grãs ſeigneurs, pour ſecourir Charles, mais en ſes entrefaictes il mourut en Apulie. La guerre d'Arragon, en laquelle premieremẽt p cõmandemẽt du Pape l'enſeigne de la croix fut priſe cõtre les chreſtiens, tou	5242

h

Chroniques des Roys.

Ans de Ie-sus Christ	Ans du regne.		Ans du monde.
		ne plus ne moins qu'au parauāt elle auoit esté prinse contre les Sarrazins.	
1282	12		5243
1283	13	Le Pape excommunie Pierre, le Roy d'Arragon, & le declare ennemy de l'Eglise, & confere son Royaume a Charles Côte de Valoys, filz du Roy de France, a cause de la sœur dudict Pierre.	5244
1284	14	Le mariage de Philippe le Bel, auec Iehāne, Royne de Nauarre le xv. d'Aoust.	5245
1285	15	Le Roy Charles mourut le vi. de Ianuier. Charles le boiteux, son filz estoit captif. Robert Comte d'Artoys fut delegué Lieutenant de par le Pape, & de par le Roy, pour garder le bien que son oncle trespassé possedoit en Italie, ce pendant qu'on tireroit l'heritier hors de prison. Le xiiij. iour de May, le Roy accompaigné des Roys Philippe son filz, Roy de Nauarre, & de Iaques Roy de Maiorque & Menorque, arriua en la Comté de Roussillon, cōtre Pierre le roy d'Arragon. La ville de Genes fut prinse d'assault pillee & destruicte le quatorzieme d'Aoust d'vn leger assault de guerre qui fut donné a ceulx de dedans, & ce par l'industrie & ruse de Raoul. Connestable Pierre, Roy d'Arragon fut nauré en sorte qu'il mourut. Le Roy Philippe en s'en retournāt (au myllieu de grāds affaires) tomba malade, & mourut a Parpignan, au moys d'octobre. Gironne, que nous auions prise se remeit es mains du Roy d'Arragon.	5246

de France. Fueillet.lxi.

Ans de Ie_ſus Christ	Ans du regne.		Ans du monde.
1286	1	**Philippe le Bel. xlv. Roy de france & de Nauarre, vingt & huyct ans.** Il fut cõſacre a Reims le ſixieme de Iã_uier. Le Palays qui eſt a Paris, en l'Iſle que fait la riuiere de Seine, a eſte conſtruict & edifie treſſumptueuſemẽt, & tres magnifiquement, par le Roy Philippe. Enguerrand de Marigny, grand Conſeiller du Roy, & general de ſes finances, fut conducteur de l'œuure. Dedans le Palays, le pretoire de la Iuſtice y eſt qu'on appelle le Parlement, dedans iceluy Palays furent baillez & aſſignez certains ſieges de ſouuerains & ſupremes Iuges. La dedans auſſi eſt la chãbre des Cõtes, & autres pluſieurs ſieges & diuerſitez de iuriſdictions. En apres y eſt la maiſon du Roy. Gaguin eſcrit que la eſtoit le Parlement ordinaire ſoubz le Roy Hutin. Soubz ce Roy Philippe le Bel, le college de Nauarre a eſte inſtitue & fonde par la Royne Iehanne ſa femme.	5247
1287	2		5248
1288	3	Charles, Roy de la Pouille, lequel aucũs au lieu de boyteux appellent tardif, ſelon Paul Emile) apres la paix faicte s'en retourna d'Eſpaigne en France, & de la paſſa oultre en Italie auec vne belle & noble compagnie, ou il deffendit le party des Guelfes contre les Gibellins.	5249
1289	5250	Le iour de la Penthecoſte il fut conſacre	5250

Ans de Ie-	Ans du		Ans du
sus Christ	regne.		monde.
		à Romme Roy de la Pouille, & de Sicile par le pape Nicolas. Trefues furent renouuellees pour cinq ans, entre Iaques Roy d'Arragō, & Charles le Boyteux.	
1290	5	Par defpit dequoy Robert côte d'Artoys, s'en retourna en France. Charles, Comte de Valoys auoit prins en mariage la fille du Roy Charles le Boyteux, auec la Côte d'Aniou pour son douaire: mais puis apres par apoinctemēt que feit Boniface. viij. Pape, il eut encore: la Comte du Mans: pour quitter son droict au pretendu du royaume d'Arragon.	5251
1291	6	Icy P. Em. imposé fin à la guerre faicte en Oriēs, cōtre les sarrazins, c'estassauoir apres que la cité de Ptolemais, qu'aucuns appellent Acre ou Aconne fut destruicte par l'Empereur. La naissāce de Loys Hutin le quatrieme iour d'Octobre.	5252
1292	7	La seconde guerre contre les Anglois.	5253
1293	8	Les Anglois assaillent Normandie & Aquitaine Arnoul Comte de Neesle, Connestable de Frāce, partit le premier pour aller contre eulx, puis apres y arriua Charles, côte de Valoys, frere du Roy, lesquelz assemblez firent grād destruction desdictz Anglois. Raoul Empereur d'Allemaigne s'aillia auec les Anglois, pour nous faire guerre, moyennāt certaine somme d'argent qu'on luy promist.	5254
1294	9	Edouard Roy d'Angleterre se preparāt pour ladicte guerre auoit aussi appellé à son ayde Héry, Duc de Bar, et Guy côte	5255

de France. Fueil.lxii.

Ans de le su Christ	Ans du regne.		Ans du monde.
		de Flādres. Guy s'absēte d'auec le Roy de Frāce, & se fait sō ennemy à la court duquel il auoit amyablemēt este retenu auec sa fille, frauduleusemēt quand audit Guy. Apres son departemēt, nonobstant que sa fille fust bien entretenue, mourut. Iehan Roy d'Escosse, qui auoit este nay a Haricourt en France, dont il estoit Seigneur, tousiours tiēt le party du roy: mais peu apres fut tāt tourmente qu'en soustenant la querelle du Roy fut prins par les Anglois. Poly. Verg.	
1295	10	Gilles Theologiē rōmain, Archeuesque de Bourges. La guerre de Flādres meue pour la querelle des Anglois. La bataille fut dōnee à Furnes, ou furēt prins Guillaume. Cōte de Iuilliers et Henry de Beaumōt. Le roy d'Angleterre & le Cōte de Flandres se retirerēt en leurs maisons. Quād le Roy Carles le Boyteux, fut reuenu d'Italie, il fut cause qu'ilx firēt tresues pour deux ans, entre le roy Philippe, & Edouard le Roy d'Angleterre.	5256
1296	11	L'imposition sur les Marchans & gens laix, du centieme & du cinquantieme de tous leurs biens. Ladicte imposition fut appellee Maletoste.	5257
1297	12		5258
1298	13	S. Loys roy de Frāce, fut inscript au Catalogue des Sāictz, par le pape Boniface. Philippe & Edouard s'assemblāt pour	5259
1299	14	faire guerre cōtre Adulphe, hōme hay de tous, pour ses maluersations, & font tāt qu'ilx attirerent contre luy Albert, Duc	5260

l'Austriche, Empereur esleu, par lequel il fut tué en guerre. Philippe le bel baille en mariage sa sœur Marguerite au Roy Edouard, auquel il rend toute la Duché de Guyenne., P. Verg. La plus ieune nommee Blanche, fut espousee a Federic, filz de l'Empereur Albert. Par la poursuyte & vaillance de Charles, Comte de Valoys, le Roy gaigna tout le pays de Flandres. Le Comte Guy auec ses enfans Robert & Guillaume, est amene prisonnier a Paris. Le Roy fut magnifiquement receu des Flamens. Le commun peuple de la, toutesfois apres auoir soubdainement change de vouloir, s'esmeut a l'encontre de luy, & prindrēt les armes & chefz de guerre sus eulx, Pierre le Borgne, textier & Bridan le bouchier, si bien qu'ilz cuyderēt destruyre. Bruges Iaques le Comte de sainct Paul, Lieutenant pour le Roy. Philippe filz du Côte Guy, delaisse le Roy Charles, pour lequel il soustenoit la guerre, & s'en retourne pour secourir son pays.

Edouard, le Roy d'Angleterre voulant sauuer les Flamens, cauteleusement empesche le Roy de ioindre & liurer la bataille, en faisant courir quelque bruyt qui vint iusques aux aureilles du Roy: A telle chose faire il marcheoit tousiours instruict & bien equippe.

Ans de Iesus Christ	Ans du regne.		Ans du monde.
1300	15	Charles, Comte de Valoys, apres auoir espousé vne autre femme Catherine, fille de Philippe, filz de Baudouyn le ieune, ia	5261

Ans de le sus Christ	Ans du regne		Ans du monde.
		...dis Empereur de Grece s'en va en pelerinage à Romme pour le Iubilé.	
1301	16	Charles le Comte de Valoys, arriué à Romme fut faict par le pape Boniface, Vicaire & deffenseur de toutes les terres de l'eglise de Romme, ce qu'on dit le patrimoine de sainct Pierre. Loys, frere du Roy, Comte d'Eureux.	5262
1302	17	La haine & inimitié du pape Boniface contre Philippe le Bel. Oh merueilleuse impudence d'homme qui n'a point eu de honte, de dire que le royaume de France estoit en tout & par tout tenu de la Papauté, & subiect à icelle: mais encores ceulx cy sont à estimer plus sotz, qui disputent, sçauoir si le Pape a telle authorité. Finablement lors il excommunia nostre royaume de France. Les Euesques suyuoient le party du Roy. La guerre de Courtray. Au moys de Iuillet les Flamens eurent vne grand' victoire sus nous. Robert, Comte d'Artoys, Regnauld, Comte de Nesle, Iaques Comte de sainct Paul, & plusieurs autres gros seigneurs furent occis. Le Roy donna la Comté d'Artoys à Othelin, Comte de Bourgongne, qui auoit espousé Mahault la fille de feu Robert, Côte d'Artoys, sans auoir esgard à Robert, filz de Philippe, qui estoit filz dudict Comte Robert, & lequel mourut deuant son pere. Ysabel, la plus ieune fille du Roy, fut mariée au Roy Edouard d'Angleterre.	5263

Chronique des Roys

Ans de Iesus Christ	Ans du regne.		Ans du monde.
1303	18	Guy, Comte de Flandres, auec son filz Guillaume, apres auoir faict le sermēt au Roy s'en va en Flandres, pour tascher à appaiser le peuple d'iceluy pays, lequel voyāt qu'il n'y pouuoit mettre ordre s'en retourna vers le Roy. Bien tost apres il mourut à Compiegne le.xxii.de Feurier. Par la mort de Guy, Comte de la Marche, escheut au Roy la Comté d'Angoulesme. Gaguin. Le Pape Boniface empoigné par Sarra, Cheualier de la maison des Coulōnois, son ennemy, est mis en garde en la cité d'Anagine, sa maison paternelle. Le.xxxv.iour apres qu'il fut deliuré, de despit & angoisse mourut enragé.	5264
1304	19	A S. Omer furent occis.xv. mil Flamens, à Aire, viii.cens, à Tournay cinq cens. Le Roy fut en grand' danger de sa personne à la guerre qui fut faicte sus le mont des Peuples, en laquelle il eut victoire: neantmoins y fut tué Guillaume, nepueu de Guy, auec six mil des ennemis & des siens mil.v.c. Ce faict il rēdit aux Flamens Robert, filz aisné du Cōte Guy, & heritier de la Comté de Flandres, auec certaines conditions. Le Roy auec son royaume fut absoulz par le pape Benoist. Ce Roy icy a esté vn grand exacteur de decimes. De son temps y auoit peu d'argent en son royaume, & couroit mauuaise monnoye.	5265
1305	20	Quand le pape Clement, cinquiesme, qui estoit de Lymosin, au parauant nommé Bertrād, Archeuesque de Bordeaux, fut	5266

de France. Fueil.lxiiii.

Ans de Ie-sus Christ	Ans du regne.		Ans du monde.
		consacré Pape a Lyon, Les Roys de Frāce, d'Angleterrre & d'Arragon si assemblerent, il y auoit si grande affluence de gens que plusieurs Gētilz hommes & gros Seigneurs y furent estouffez. Le Pape cheuauchant parmy les rues fut renuersé de dessus son cheual. Le Roy cuyda estre tué par la cheute d'vne vieille muraille qui creua & fondit, pour la grand' multitude des gens qui estoient montez dessus. De ceste ruyne mourut Iehan, Duc de Bretaigne. Son filz Artus luy succeda.	
1306	21	Le siege Papal de Romme fut transferé en Auignon, ou il demoura soixante & dix ans, Trois Cardinaulx furēt enuoyez pour cōduyre les affaires de Romme & de l'Italie. Les Iuifz furēt pillez, despouillez & chassez de France.	5267
1307	22	Loys Hutin, par la mort de sa mere Iehanne, Royne de Nauarre, est couronné Roy dudict royaume, a Pāpelune. Gaultier de Chastillon, Connestable de France. En ce temps les Templiers furent par	5268
1308	23	tout punis de mort cruelle. Et ce pendant, par le consentemēt du Pape, le Roy se saisit de la plus grād' partie de leur reuenu.	5269
1309	24	Robert Cōte de Prouēce, filz de Charles le Boyteux, fut par le Pape couronné en Auignon, Roy d'Apulie, aiant audict royaume tel droit qu'auoit son pere. Il fut enuoyé deuāt en Italie, pour rōpre le coup de l'empereur hēry, qui se preparoit pour y aller. Les Hospitaliers de S. Iehan prē	5270

Chronique des Roys

Ans de Iesus Christ.	Ans du regne.		Ans du monde.
		nent Rhodes, & en chassent les Turcs. Pour ceste cause ont tousiours esté depuis appellez Cheualiers de Rhodes.	
1310	25		5271
1311	26	Le Concile de Vienne, auquel fut dissidé du faict des Templiers, & fut parlé du recouuremēt de la Terre Saincte. Le Pape abolist le nom des Templiers, le reuenu desquelz fut baillé aux Hospitaliers de sainct Iehan. Le pape laissant le Cōcile, & s'en allant à Bordeaux, mourut.	5272
1312	27	L'escole d'Orleans fut instituee par le Roy, & par ce Pape icy. On s'appreste pour faire la guerre à Robert Comte de Flādres: toutesfois tout le different d'entre le roy & le Comte, fut appaisé par le moyen d'Enguerrād de Marigny, lequel combien qu'il fust assez auāt en la haine du peuple pour auoir trouué moyen de leuer argēt pour faire ladicte guerre, neātmoins encores y fut il plus auant, en faisant que l'armee s'en reuint sans coup ferir. L'argent de France mal monnoyé. L'esmeute du peuple de Paris, voulāt entrer de force en la maison d'Estienne Barbette, Maistre de la mōnoye. Le roy mesmes à son retour de Flandres à Paris, en fut en danger. Loys Hutin a reprimé & rōpu l'entreprinse de Pierre de Sauoye, Archeuesque de Lyon, lequel auoit osé occuper la iurisdiction du Roy.	5273
1313	28	Les brux du Roy, Marguerite, femme de Loys Hutin, Roy de Nauarre, & Blanche, femme de Charles, fureēt prin	5274

| Ans de Ie-| Ans du | | Ans du |
| sus Christ | regne | | monde. |

ses en adultere à Maubuisson, qui est vn monastere de Nonnains, & couaincues dudict cas le Mardy d'apres Pasques.

Philippe & Gaultier les Danoysiens, leurs amoureux, furent griefuement puniz. Iehanne la femme de Philippe, Côte de Poitiers, fut absoulte. Loys (sa fême Marguerite miserablemêt morte, de laquelle il auoit eu vne fille, nommée Iehanne) espousa Clemêce, fille du Roy de Hongrie. Charles aussi repudia sa femme, par le côseil du Pape, & espousa Iehanne, fille du Côte d'Eureux. Le Roy Philippe estant à Fontaineblandy, lieu de sa natiuité, mourut le.xxix. de Nouembre, & fut enterré à sainct Denis. Loys Hutin, son filz, aprez la mort de son pere regna presque an & demy.

| 1314 | 1 | | 5275 |

Loys Hutin. xlvi. Roy de France, & de Nauarre, seul a vescu quasi.ii. ans.

Hutin, mutin & quereleux. Enguerrand de Marigny, Comte de Longueuille, grãd general des finãces, & qui auoit eu toute authorité soubz le Roy estãt par l'accusation de Iehan Hauuier attainct & conuaincu d'auoir desrobé le thresor & finances du Roy, fut pêdu & estranglé le dernier iour d'Auril, par le moyê & diligence de Charles, Comte de Valoys, son ennemy capital, à cause que ledict Enguerrand l'auoit demêty en noysant l'vn contre l'autre. Vn Magicien

Chronique des Roys

| Ans de Ie- | Ans du | | Ans du |
| sus Christ. | regne. | | monde. |

aussi, nommé Pauiot, fut pendu, pource qu'on disoit que la femme d'Enguerrand se vouloit seruir de luy, pour faire ensorceler le Roy. Semblablement fut bruslee vne femme boyteuse pour ce faict, l'effigie d'Enguerrād fut iettee du hault en bas des grandz degrez du Palais. Depuis cecy le Comte de Valoys n'a cessé d'estre tousiours malade, par punition de Dieu (comme on disoit) luy mesmes le regretta fort, & l'eust voulu en vie. Le Roy rappelle les Iuifz en France.

| 1315 | 2 | | 5276 |

Par le moyen de Loys Hutin fut cree le Pape Iehā vingtdeuxieme, lequel vescut long temps plus riche que sage. Le parlement est arresté & ordinaire au Palais de Paris. Le Roy trespasse le.v. de Iuin au boys de Vincénes, & laisse Clemence sa femme. Le premier iour de Septēbre la guerre de Flādres, non point totalement assopie, la paix fut faicte au Palais à Paris, durāt qu'il n'y auoit point de Roy, par Philippe le Long, Comte de Poitiers, Regent en France, & par le Cōseil estroict. Au moys de Nouembre la Royne accoucha d'vn filz, qui fut nommé Iehan, lequel pource qu'il ne vescut que huict iours, n'est point mis au nōbre des Roys.

| 1316 | 1 | | 5277 |

Philippe le long. xlvii. Roy de France & de Nauarre, cinq ans.

Eude, Duc de Bourgongne, debatoit que

de France. Fueil.lxvi.

Ans de Ie-sus Christ	Ans du regne.		Ans du monde.
		le royaume deuoit appartenir à Iehãne, fille de sa sœur & du deffuct Roy Loys, auquel a us fist Philippe le Long, en luy baillant sa fille en mariage auec la Comté de Bourgongne. Loys, filz du Roy, deceda à Paris.	
1317.	2	La paix confermée auec le Comte de Flandres. Loys Comte de Neuers, filz de son filz, prend en mariage Margueri te, fille du Roy. Marie, la iij. fille du Roy fut mariee au Daulphin de Vienne.	5278
1318	3	Ce Roy icy ne peut obtenir ne du cler gé, ne du peuple lay, les tributz & im-	5279
1319	4	postz qu'il demandoit. Iehan de Pouil lac, Theologien, fut contrainct par le Pa	5280
1320	5	pe changer de propos, & de soy desdire: il affermoit qu'il ne falloit confesser ses pechez aux Mendians, & que si quel qu'vn l'auoit fait, qu'il falloit retourner à son Pasteur ou Curé. Les Meseaulx & Ladres, persuadez par les Iuifz, em poisonnent les puys, qui fut cause d'vne pe ste: mais les vns & les autres furent mal heureusement punix. Le Roy auoit deli beré faire que par tout son royaume n'y auroit qu'vn poix, q'vne mesure, ne que vne mesme espece, & vn mesme prix de mõnoye, mais ne peut paracheuer son en treprise, estant de mort preuenu. Le deu xieme iour de Ianuier Philippe le Long deceda, & fut son corps enterré à sainct Denis. Son frere luy succeda, qui fut sa cre à Reims le vingt & vnieme iour de Feurier.	5281

i iij

Chronique des Roys

Ans de Iesus Christ	Ans du regne.		Ans du monde.
1321	1	**Charles le Bel. xlviii. Roy de France & de Nauarre, sept ans.**	5282
1322	2		5283
1323	3	Iourdain de l'Isle fut pendu & estranglé au gibet de Paris le septiesme de May. Il auoit espousé la niere du pape Iehan douzieme Emile. Charles le Bel a esté seuere iusticier, en gardāt le droict d'vn chacun. Le pape Iehan condamne l'heresie des Frerotz.	5284
1324	4	Charles de Valoys entre en Aquitaine, expulse Hue de Pesac (les vns le despencier) auec les Anglois.	5285
1325	5	Charles Comte de Valoys, voyant q̃ sa maladie ne luy donnoit poīt de relasche, demanda au Roy le corps d'Enguerrand, pour gratifier à ses parens, lequel il feit sumptueusemēt, & auec grand pompe enterrer. Au moys de Decēbre ensuyuāt, enuirō le seixieme de Decembre, ledit Charles mourut. Cestuy est le premier des Roys qui a accordé & permis	Isabel, la Royne d'Angleterre, s'en va en France vers le Roy son frere. De là elle s'en retourne en Angleterre, ou auec grāde & puissante cōpaignie elle chasse son mary Edouard affin que son filz Edouard le ieune, iouysse du royaume.	528
1326	6	les decimes au Pape, affin d'auoir par		1287

de France. Fueillet.lxvii.

Ans de Iesus Christ	Ans du regne.		Ans du monde.
		en l'acquest, & les lenoit cestuy cy pour faire guerre cõtre Loys de Bauieres, tresbon Empereur, lequel (d'vne grand' grace) il auoit declaré ennemy de l'Eglise. Maistre Nicole de Lyre, Docteur en Theologie de l'ordre des freres Mineurs homme docte en langue Hebraique.	
1327	7	Le Roy trespassa au boys de Vincennes le premier iour de Feurier laissant sa fẽme enceincte, il fut enterré a sainct Denis: Alors y eut debat entre Edouard, Roy d'Angleterre, & Philippe de Valoys, lequel des deux deuoit estre Regent ou successeur du royaume, Robert le Comte d'Artoys, soustient en toutes manieres, tãt qu'il peult, la cause dudict de Valoys: par la loy Salique. La Royne, apres la mort du Roy, accoucha d'vne fille le premier iour d'Auril, laquelle fut nommée Blanche, & laquelle ledict Philippe de Valoys feit puis apres espouser a Philippe, Duc d'Orleans, son dernier filz. Dont Philippe de Valoys, cousin germain des trois precedens Roys de France, estant Regent, fut sacré Roy a Reims le iour de la Trinité, par Guillaume, Archeuesque dudict lieu.	5288
1328	1	## Philippe de Valoys.xlix. Roy,vingtdeux ans. Il estoit filz de Charles de Valoys. Loys Comte de Flandres est remis en son estat le xxiij.iour d'Aoust. Les Flamens sont desconfitz, & au conflict fut occis Colin	5289

Chronique des Roys

Ans de Je- sus Christ	Ans du regne		Ans du monde.
		Rexequins, l'vn des chefz du peuple. Caflet fut prins, pillé & bruflé, Guillaume Chanu, l'autre chef & conducteur du peuple fut rendu par le Duc de Brabant (ainſi le requerant les gens du Roy) lequel fut condamne a la mort, & fut execute a Paris miſerablement. Gaultier de Crecy, Seigneur de Chaſtillon, Conneſtable de France.	
1329	2	Le Pape Iehan, pour les debatz & querelles qu'il auoit contre Pierre Ramuche Antipape, & contre l'Empereur eſmeut tout le royaume & le troubla. A Amyens s'aſſemblent les Roys de France, d'Angleterre de Boeſme & de Malorque. Illec le Roy d'Angleterre confeſſa eſtre vaſſal du Roy de France, & luy feit foy & hommage, taſchãt rauoir de luy ce qui luy auoit eſte oſte en Aquitaine, en la guerre de Penſac. Philippe de Valoys s'arme contre les infideles. Iehan Roy de Boeſme, apres eſtre venu en Frãce auec ſon filz Charles, baille ſa fille nommee Bonne en mariage a Iehan, filz aiſne du Roy de Frãce, & Duc de Normandie. Loys, Comte de Clermont & de la Marche, fut premier Duc de Bourbon. L'entrepriſe & action qu'eut Pierre Curayre contre les Prelatz de France, au nom du Roy: par laquelle il s'efforceoit de leur oſter leur temporelle iuriſdiction & de reformer leur vie, & de tout le Clerge, en meilleure forme de viure. Bertrand, Eueſque de	5290

Ans de Jesus Christ	Ans du regne.		Ans du monde.
		Autun, estoit principal deffenseur a lencontre. Le Roy luy mesmes meit fin a tel different, le iour & feste S. Thomas de Cantorbie, en baillant aux Euesques ce qu'ilz demandoient. Pour ceste cause ilz feirent plusieurs choses a sa louenge, en luy rendant graces, & luy donnerent le nom de vray Catholique.	
1330	3	Philippe Comte d'Eureux, Roy de Nauarre, a cause de sa femme Iehanne, fille de Loys Hutin. Emile & Polyd, s'abusent en le nommant Loys.	5291
1331	4	En ce temps se meut guerre entre messire Iehan de Chalons & le Duc de Bour-	5292
1332	5	gongne, en laquelle fut tué messire Charles d'Eureux, Comte d'Estampes mais le	5293
1333	6	Roy print la question en sa main, & ne combatirent point.	5294
1334	7		5295
1335	8	Benedic, Tholosain, pape en Auignon. Le cōmecemēt d'vne grād guerre contre les Anglois, laquelle fut si funeste, sangui-	5296
1336	9	nolente & cruelle, que de toutes les guerres que les Francoys auoient soustenues, depuis que les Rōmains leur auoient premierement fait la guerre iusques a huy nulle y en a qui soit pareille a ceste cy. Elle fut par diuerses foys delaissee, & par diuerses foys renouuellee. Robert d'Artoys, Comte de Henault, aiant perdu son proces contre Mahault, la Duchesse de Bourgongne, aprez s'estre monstré grand ennemy du Roy, & aprez	5297

i iiij

Cronique des Roys

Ans de Ie-sus Christ	Ans du regne.		Ans d monde.
		auoir faict semer alencontre luy parolles iniurieuses, par lesquelles il donnoit à entendre que nonobstant qu'il eust espousé la sœur du Roy, il estoit ce neantmoins le mal venu enuers luy, et qu'õ luy auoit faict iniure, s'en alla à Bordeaux, deliberé de suyure le party du Roy d'Angleterre, & laissa sa femme & ses enfans Iehan & Charles. Le Roy d'Angleterre le receut honnorablement, & le remunera de la Comté de Richemond.	
1337	10	Iaques d'Arteuelle, hõme mecanique & de bas lieu, excite grands troubles en Flãdres, pour le Roy d'Angleterre, contre le Comte de Flandres, lequel s'en viẽt en France.	5298
1338	11	La naissance de Charles le Quint. Les armees des Roys de France & d'Angleterre tresbien equipees, sont vis à vis, & presque ioignant l'vn a l'autre, sans coup ferir. Quand Edouard veit que Philippe de Valoys ne se mouuoit, il s'en retourne en Flandres, ou par le conseil de Iaques d'Arteuelle il print le nom et armoyries de France (ce qu'il s'est tousiours attribué iusques icy) de la il trauersa en Angleterre. P. de Valoys auoit auec luy en son ost les Roys de Bœsme, d'Escosse & de Nauarre, les Ducz Iehan de Bretaigne, & Raoul de Lorraine & xxvi. Comte, & autre grande compaignie de gros Seigneurs. Edouard Vicaire de l'Empire, par la conduicte & conseil de Robert d'Artoys, se cõfioit en	5299

de France. Feuil.lxix.

Ans de Je-sus Christ.	Ans du regne.		Ans du monde.
		sa force & au nombre de ses gêsdarmes Anglois, Flamens, & Allemans: mais	
1339	12	Loys (aux Annales Federic) Duc de Ranieres, Empereur d'Allemaigne, auquel on n'auoit pas tenu promesse, se deffaict de sa compaignie, & ayme mieulx l'alliance & amytié du Roy de France.	5300
1340	13	En quelque course qui fut faicte en Flādres, le Comte de Sallebery fut prins & amené à Paris. La cruelle guerre nauale, qui fut faicte à l'Escluse le xxiv. de Iuin, en laquelle Edouard, à l'ayde de son bon heur, & aussi du vent qui luy fut prospere, tua & desconfit noz capitaines & preuostz de Galeres, qui estoient en discord ensemble. Le vintsixieme iour de Iuillet le Duc de Bourgōgne contraignit Robert d'Artoys, qui assiegeoit S. Omer, de se retirer vers le Roy d'Angleterre, qui pour lors battoit Tournay. Les trefues faictes & proclamees entre les Roys, les prisonniers furent rendus d'vne part & d'autre. Les Flamens recoiuent leur Comte, lequel entieremēt leur pardonna. Le Roy d'Escosse, perpetuel amy des Francoys est conduict en son pays, Le Roy de Bœsme se tint quelque temps en France. Iehan troisieme Duc de Bretaigne, en s'en retournāt mourut en chemin. Philippe Roy de Nauarre, est party pour aller en Espaigne contre les Sarrazins, ou puis apres il mourut en assiegeāt Argesille, vne des villes du royaume de Grenade l'an mil 343.	5301

Chronique des Roys

Ans de Iesus Christ	Ans du regne.		Ans du monde.
1341	14	La guerre de Bretaigne entre Charles de Bloys, & Iehan de Montfort, pour la subcession de la duché de Bretaigne. Apres que par arrest de la court de Parlement Iehan de Montfort en fut debouté il eut recours aux armes, estant aydé du Roy d'Angleterre. Iehan filz du Roy, Duc de Normãdie, prẽt Iehan de Montfort à Nantes, lequel il enuoye en la tour du Louure à Paris pour le garder. Claude sa femme, auec son filz Iehan, encores ieune enfant, deffed la querelle de son mary, par le moyen du Pape, il luy fut donné trefues pour deux ans. Ce pẽdant elle s'allia du Roy d'Angleterre, en accordant le mariage de son filz, auec Marie, fille dudict Roy d'Angleterre, qui fut cause qu'elle renouuella (secourue de luy) ladicte guerre plus aspre que deuant. Robert Comte d'Artoys d'vn coup qu'il receut en ladicte guerre bien tost apres mourut.	5302
1342	15	Elle feit tant finalement qu'elle attira Edouard à ceste raison qu'il y vint luy mesmes en personne, & qu'il fut chef de toute l'armee, mais les Legatz du Pape feirent tant qu'ilz les contraignirent de faire trefues entre eulx pour trois ans.	5303
		Clement sixieme, Limosin, fut fait Pape en Auignon qui redigea le Iubilé à cinquante ans.	
1343	16	Oliuier de Clisson, Guillaume baron, Richard Perseil, & autres Gentilx hommes de basse Noblesse, du pays de normãdie, & de Bretaigne, furent decapitez à	5304
1344	17		5305

[marginalia: Iubilé de 50 ans]

Ans de Ie-sus Christ	Ans du regne.		Ans du monde.
		Paris, pour auoir soustenu le party du roy d'Angleterre. Geoffroy, le frere du Cõ-te de Harecourt, accusé de trahison, ne cõ-parut point, mais fut banny, & s'enfuyt vers le Roy d'Angleterre, lequel le feit son Connestable, affin qu'il fust le chef d'vne meschante & malheureuse guerre contre son pays	
1345	18	En ce têps les benefices estoient en ven-te, toutes choses obeissoient à l'argent. Au commencement du regne furent leuees grandes exactions & impostz, & tout premierement icy commença l'im-position sur le sel qu'on appelle Gabelle	5306
1348	19.	Le Roy Edouard enuoye aucuns Ducz en Aquitaine, luy & son filz se met-tent aux champs, auec vne grosse armee, au terrouer de Constances le premier iour de Iuillet, ou il met tout par ou il pas-se à feu & à sang. Raoul, Conesta-ble de France. & Iehan, Seigneur de Tancaruille se laisserent prendre à Caen par les ennemys. Le vingtsixieme iour d'Aoust (le vingt & troisieme, selon E-mile) à vn iour de Samedy sus le vespre, y eut bataille à Crecy, la plus renommee & la plus pitoyable que iamais eurêt les Francoys, pour raison des Ducz & no-bles Princes, & quasi de toute la nobles-se de France qui y fut deffaicte. En ce-ste dure guerre furent occis Iehan le Roy de Boesmes Charles frere du Roy. Com-te d'Alencon, Raoul le duc de Lorraine, Loys Comte de Flãdres, auec les Comtes	5307

Chroniques des Roys.

Ans de Iesus Christ	Ans du regne.		Ans du monde.
		de Harecourt, Bloys & Sancerre. Le lendemain y eut encores plus grand' tuerie, de ceulx qui par mesgarde se retirans à noz enseignes tomboient es mains des Anglois, de ceulx cy, & des autres precedens en fut mis à mort environ trente mil. Geofroy de Harecourt, meu de desplaisance & de repentance de son faict, s'en vient par devers le Roy, & se presente a luy, la corde au col, laquelle le Roy luy osta. Charles, de Luxembourg, Roy de Boesme, retourne en sa maison, lequel puis apres sera esleu Empereur. Loys le ieune Comte de Flandres.	
1308.	20	Le iiij. iour d'Aoust, l'unzieme moys apres que Calays fut assiegé estant destitué de secours & d'esperance, fut rendu au Roy Edouard d'Angleterre, par Iehan de Vienne, de ladicte ville chef & Capitaine pour le Roy, soubz ceste condition, que les Citoyës de ladicte ville sortiroient a sauueté de leurs personnes, chacun auec son simple habillement & s'en yroient ou bon leur sembleroit. La royne d'Angleterre estant grosse d'un enfant, demande & obtient pardon du Roy, pour aucuns gëtilz hommes qui auoient la premiere authorité en ladicte ville, lesquelz auoient deliberé d'exposer leurs vies à tous perilz, pour le salut de tous, ce qui ne se fist sans le vouloir de Dieu. Le Roy ordonna que les premiers Offices vacantes seroient donnees à ces pauures gens, qui furent chassez de Calays, selon leur	5273

de France.　　　Fueill. xxi.

Ans de Ie{*}us Christ	Ans du regne.		Ans du monde
		estat & vacation:en partie pour les recōpenser de leurs pertes, & aussi en partie,affin que telle remuneration fust vn tesmoignage honneste de la ville vertueusement deffendue. Depuis ce tēps là Calays n'a peu estre recouuert de la main des Anglois. Charles Comte de Bloys, auec ses deux enfans Iehan & Guy, furent prins en Bretaigne, & menez en Angleterre. Le pere par les prieres de la Royne d'Angleterre qui estoit sa parente, est incontinēt deliuré & renuoyé. Les enfans furent retenuz lesquelz furent traictez assez humainement. Au moys de Decembre les Lombars & Italiens, Chāgeurs, Bāquiers & Vsuriers, furent empoignez, chassez & banniz de France, pour les grādes vsures qu'ilz exerçoient contre le droict. Le Roy print le sort principal de l'argent, en leur laissant le profit prouenu d'iceluy.	
1348	21	Famine & pestilence. Les tresues accordees auec le Roy d'Angleterre.	5309
1349	22	Le Roy entend a faire des mariages. L'acquisition du Daulphiné de Viennoys, vendu par Imbert Daulphin, pour petite somme de deniers, lequel aprez ce s'en alla rendre Iacobin. Le Daulphiné fut vendu à la charge que le premier filz du Roy porteroit nom de Daulphin, & iouyroit de la seigneurie. Philippe surnommé le bien fortuné, heureux & le vray Catholique, il ne sceut iamais toutesfois venir à bout ne descōfire ceulx qui	5310

Daulsiné

Ans de Ie-sus Christ	Ans du regne.		Ans au monde.
		luy estoient rebelles, & qui conspiroient contre luy, il mourut a Nogent le Roy le vinthuictiesme iour d'Aoust, & fut enterré a sainct Denis.	
1350	1	**Iehan, cinquantieme Roy, quatorze ans.** Les trefues sont prolongées. Le vingt-cinquieme de Septembre il fut couronné à Reims, auec sa seconde femme la Côtesse de Boulongne. Le xvii. iour d'Octobre il feit son entree à Paris, auec grād' pompe. Ce Roy Iehan fut d'vn cœur noble & excellent, & tant loing de simulatiō ou faulx semblant, que iamais ne mõstra à homme signe d'amour, de semblant ou de parolle, qu'il ne l'aymast, qui est vne vertu a vn Roy trop heroique. Le commancement de l'ordre de l'estoille par le Roy Iehan, en la noble & ancienne maison de S. Ouyn a Paris. Les Cheualiers de cest ordre portoyēt vne estoille en leur chaperon, ou chapeau, ou en vn autre lieu de la robbe qu'on pouuoit facilemēt veoir. A l'imitation dequoy le Roy d'Angleterre institua des Cheualiers, ausquelx il bailla pour leur enseigne vn Iartier a la iambe, auec sa deuise. Raoul Connestable de France, a son retour d'Angleterre fut accusé de trahison, & condamné d'estre decapité a Paris, en l'hostel de Neesle, ce qui fut faict.	5312
1351	2	Charles d'Espaigne, Connestable de France. Le Roy de Nauarre pour quel	5312

de France. Fueil.lxxii.

Ans de Ieſus Chriſt	Ans du regne.		Ans du monde.
		ques priuees ſimultez qu'ilz auoient enſemble, le feit tuer en ſon lict couché, à l'Aigle en Normandie Le.viii. de Ianuier le Roy de Nauarre, qui eſtoit gêdre du Roy, ne voulut point venir ne côparoir en Parlemêt, ſi pour ſeureté le roy ne luy bailloit vn de ſes enfans en oſtage. Le.iiii. de Mars la cauſe fut plaidoyee. Le Roy fut côtrainct de luy pardôner, principalement meu des prieres des Dames de la court, leſquelles s'eſtoiêt aſſemblees pour ſupplier pour luy. Iaques de Bourbon, frere du Duc, conneſtable de France.	
1352	3	Innocêt.vi. Lymoſin, pape en Auignon.	5313
1353	4		5314
1354	5	Le Roy de Nauarre fait tant enuers le roy qu'il s'accorde de ne prendre point l'impoſt qu'il demandoit aux trois Eſtatz le dernier iour de Nouembre. Finablement toutesfois il le print.	5315
1355	6	Charles, filz du Roy, premier Daulphin, & Duc de Normandie Charles le Roy de Nauarre, eſtant aſſis a la table du Daulphin auec pluſieurs gros Seigneurs fut prins, ſans qu'il s'en donnaſt de garde le.v. d'Auril. Du nombre de ceulx qui furêt prins, Iehan Comte de Harecourt, & trois autres, furent decapitez. Le Roy de Nauarre eſt enuoyé priſonnier à Paris.	5316
1356	7	Le Roy d'Angleterre enuoye le Duc de Laclaſtre au pays de Côſtêtin, auquel ſubit ſe rendirent Philippe, frere du roy	5317

Chronique des Roys

Ans de Ie-sus Christ	Ans du regne		Ans du monde.

de Nauarre, Godefroy, l'oncle de Iehan, Comte de Harecourt, qui auoit nagueres esté decapité. Pareillement aussi Edouard son filz, Prince de Galles, aagé de xxiiii ans, passe en Guyenne, côtre lequel subitement le Roy alla. Le dixneufieme iour de Septembre, d'vn Lundy, le Roy Iehan fut prins. Ceste bataille fut faicte d'vne lieue pres de Potiers, es châps qui s'appellẽt Beauuoir & Maupertuis. Le Roy d'Angleterre s'estoit caché dedans des vignes, hayes & buissons, auec petite armée. Le Roy se rend à vn Cheualier d'Artoys, nõmé Denis Morbecque, qui lors estoit en Angleterre, banny de France. Philippe son filz fut prins aussi, en deffendant son pere vertueusement.

Edouard leur cousin, Prince de Galles (Gaguin faulcement l'appelle Richard) les traicte humainement & honorablemẽt, & les meine en Angleterre. Il n'y eut pas grand meurtre (le nombre certes de ceulx qui furent occis n'exceda point cinq ou six mil (au regard des grandes pertes & dõmages que pour raison de ceste guerre souffrit lors toute la France. Mil cinq cens ou mil sept cẽs de gros Seigneurs, cheualiers & Barõs furẽt prins, & fut le nõbre des captifz deux fois plus grand que n'estoit larmée des Anglois, noz ennemys. Gaultier Brenno, Duc d'Athenes, Cõnestable de France, y fut occis. La fortune prospere, & bonne aduenture d'Edouard, Prince de Galles. Charles Daulphin eschappedu conflict.

de France. Fueil. lxxiii.

Ans de le sus Christ	Ans du regne.			Ans du monde

sien vint en France, pour assembler le Cōseil à Paris le. xv. d'Octobre En tout le royaume de France on ne voyoit que seditions & menees. Charles Roy de Nauare, fut mis hors de prison par ceulx qui tenoient son party le dernier iour de Nouembre. A Paris en vne publique assemblée il feit vne grand' plaincte contre le Roy, disant qu'il auoit esté fort iniurié de luy. En quelque lieu qu'il allast, tant par parolles incitatiues, & autres preschemēs, q̄ par armes, il esmouuoit tout le peuple côtre le Roy. Trefues faictes auec les Anglois, à Bordeaux, pour deux ans. Robert le Coq euesque de Laon, & Estiēne Marcel, Preuost des marchans, auec les Citoyēs de Paris, soy tenās fors, & s'appuyans sus les seditions & troubles du Roy de Nauarre, vouloient vsurper l'administratiō du royaume, & tenir le daulphin en leur subiection, tant qu'il fut côtrainct de se retirer en Allemaigne par deuers son oncle Charles l'Empereur, Depuis par le moyē des prieres que luy feirent les Parisiēs, il s'en reuint à Paris, mais nō pas sans mettre sa vie en grand danger: car en sa presence, dedans

Ceulx de Languedoc, voulās secourir le Roy, apres s'estre interdictz tous ieux & tous habillemēs superfluz, vendirent tout l'or & autres doreures de leurs femmes, du grand consentement & volunté d'elles, pour les appliquer à la deliurāce du

1357 | 8 | | | 5318

K.

Chronique des Roys

Ans de Ieſus Chriſt	Ans du regne		Ans du monde.
		ſa châbre meſme au Palais, il veit tuer & meurdrir deux de ſes plus grãds et plus familiers	
		Roy, & tout cecy par l'authorité du Comte d'Arminac, qui eſtoit Lieutenãt du Roy au dict pays.	
1358	9	amys,deux Mareſchaulx,l'vn de Chãpaigne, & l'autre de Cleremõt:leſquelz par grand' deriſion furẽt aprez leur mort trainez iuſques à la pierre de Marbre, ou ilz demourerent tout vn iour. Marcel,preuoſt des Marchans,baille ſon chaperõ au Daulphin,miparty de rouge & de pers,qui eſtoit la liuree dont eſtoit habillé le commun peuple,affin que par ce moien il euadaſt. Le peuple par les deputez des trois eſtatz auoit eſſayé d'abolir & oſter les officiers du Roy. Le Daulphin prenant luy ſeul l'adminiſtration du du royaume ſe fait publier regẽt de frãce, c'eſt à dire gouuerneur du royaume, le quatorzieme de Mars. Le peuple et menues gens,par tout eſtans eſmeux contre les nobles,aprez qu'ilz veirent la defaicte de ceulx de Beauuoiſin(qui eſtoit vne faction qu'on nommoit la Iaquerie)bien eſtõnez ſe retirerẽt chacun en ſa maiſon. Les Pariſiens tenoient le Roy de Nauarre quaſi comme leur chef & conducteur contre le Daulphin. Eſtiẽne Marcel fut occis à la porte S. Anthoine. Le Daulphin Regent entre en la ville.	5319
1359	10	Le Roy d'Angleterre ſortant de Calays s'en vint vers Reims, & dela s'en	5320

de France.   Fueillet. lxxiiii.

Ans de Ie-sus Christ	Ans du regne.		Ans du monde.
1360	11	alla es enuirons, de Paris & de Chartres où il meit tout le voyſinage deſdictz lieux à feu & à ſang. La paix faicte à Bretigny le huictieme iour de May. Le Roy eſt deliuré & mis en liberté à Calays le vingt & cinquieme d'Octobre Au traicté de paix fut adioinct & comprins le Roy de Nauarre, apres que Philippe ſon frere le voulut pleger. Toute la maniere de l'accord & les conditions d'iceluy ſont contenues es Annales.	5321
1361	12	Le Roy retourné à Paris reſtablit le Parlemēt qui auoit ceſſé près de deux ans par la mort de Philippe, Duc de Bourgōgne: Le Roy Iehan luy ſucceda, & fut heritier de la Duché.	5322
1362	13	Vrbain cinquieme: Lymoſin, fut creé ape en Auignon. Le Roy va en Auignō, en partie pour veoir le Pape, en partie pour deliurer le pays de quelques gēſdarmes ramaſſez, qui tenoiët les champs & pilloiët tout, & auſſi pour mener toute ceſte ordure la hors du royaume à la guerre contre les infidelles.	5323
1363	14	Le Roy Iehan va en Angleterre pour accorder aux Anglois, touchant la deliurance de ſes oſtages: mais il ne peut ce faire: empeſché par vne maladie qui luy prit de laquelle il mourut à Londres le vingt & ſeptieme iour de Mars. Charles le Quint fait apporter le corps de ſon pere, en France, à ſainct Denis.	5324

K ii

Ans de Iesus Christ	Ans du regne.		Ans du monde.
1364	1	Charles le Quint, surnommé le Sage, cinquāte vnieme Roy xvi. ans. Il fut sacré a Reims, auec la Royne sa femme Iehanne, Duchesse de Bourbon, le dixneufieme iour de May. Luy ne partant point des enuirons de Paris, conduysoit heureusemēt ses affaires & guerres, tāt loing & tāt grosses peussent ilz estre, par ses freres & ses Lieutenans. Bertrand du Guesclin, Cheualier Bretō, chacea le Roy de Nauarre. Philippe le Hardy frere du Roy, Duc de Bourgongne. Charles de Bloys fut tué en vne guerre qu'il faisoit en Bretaigne cōtre Iehan Cōte de Monfort le vintgneufime de Septēbre, lequel de Monfort, apres qu'il eut rēdu la Seigneurie de Pōthieure à la vefue dudict Charles, & qu'on eut accordé du reste, le Roy le receut en foy & hommage de la Duché de Bretaigne. Vn peu apres Charles de Bloys fut sanctifié, & mis au nombre des Sainctz, par le pape Vrbain.	5325
1365	2	Bertrand du Guesclin s'en va faire la guerre en Espaigne cōtre les Sarrazins, affin de purger le royaume d'vn grand	5326
1366	3	nōbre de meschās gens vagabons, dont il estoit plain, il chace & depossedé de son royaume Pietre, Roy de Castille, qui estoit ennemy des Francoys, & hay des siens, & de son voisin le Roy d'Arragon, & fait courōner en son lieu Roy de	5327

de France. Fueillet. xxv.

| Ans de Ie-|Ans du | | Ans du |
|sus Christ|regne. | | monde. |

Castille Henry son frere bastard, qui au parauant en auoit esté expulsé. Le Prince de Galles estant venu de Gascongne à son secours, apres auoir donné la chasse à Henry, & print ledict Bertrād du Guesclin, restitua en son siege le Roy Pietre. Mais voyant que ledict Pietre ne souldoyant point ses gēsdarmes, selon sa promesse, il ramena son armee en Gascōgne, la ou ledict du Guesclin magnifiquemēt & liberalement paya sa rancon, & se meit en liberté: Depuis tout cecy, Henry le bastard eut nouueau secours de France, & recommença la guerre, en laquelle il tua son frere, au moyen dequoy il iouyt du royaume.

1367	4		5328
1368	5	Iehan des Dormās, chancelier de France. Euesque de Beauuais, & Cardinal. Le .iij. iour de Decembre fut nay Charles sixieme. La guerre renouuellee entre les Francoys & Anglois. Les Gascons obeiss...nt moult enuys aux Anglois, à cau...ilz estoient trop chargez	5329
1369	6	de tailles & impostz. Le Comte d'Armignat, & autres gros Gentilz hommes du pays de Guyenne, auec les bonnes villes, appellerent au Roy & à sa court de Parlement. Le .xxv. d'Auril furent commencez les fondemens de la Bastille, à Paris, pres la porte sainct Antoine, par Hugues Ambriot, Preuost de Paris, le tout aux despens du Roy. Le mariage de Marguerite, fille vnique de Loys, côte de Flan	5330

K. iii

Chronique des Roys

Ans de Iesus Christ	Ans du regne.		Ans du monde.
		...dres auec Philippe le Hardy. Le Roy d'Angleterre le vouloit marier à son filz Edmond. Le vingtroisieme de Septembre, Robin Canolle, Anglois sortãt de Calays, vint auec compagnie de gens de guerre iusques pres de Paris, en sorte qu'il eut ses gens tous pres & appareillez pour marcher en bataille, entre Paris & Ville Iuifue, & la leur feit faire leur mõstre. De la il s'en alla en Guyenne pour se ioindre auec ledict Prince, contre ceulx qui auoient laissé son party. La ville de Lymoges est destruicte & ruynee par les Anglois.	
1370	7	Gregoire vnzieme, Lymosin, Pape en Auignon. Apres que Moreau de Fiennes se fut demis de son office, Bertrand du Guesclin fut faict Cõnestable de France, & par vn mesme moyen enuoyé de par le Roy en Guyenne contre les Anglois. Luy d'autant qu'il estoit de plus pauure maison que tous les autres connestables qui l'auoient precedé d'autant les surmontoit il en courage haultain, & en promptitude quand au faict de la guerre.	5331
1371	8	Au moyen du secours qu'enuoye Henry de Castille, les Anglois receurẽt grand encombrier en vne guerre naualle à la rochelle, ou partie de leurs nauires furent prinses, partie bruslees, & noyees. Les ducz de Bourges & de Bourgõgne freres du Roy, font la guerre en Poitou, & Xaintonge, & rẽdẽt tout subiect au Roy. Les victoires, fortunes & trium	5332

de France. Fueil.lxxvi.

Ans de Iesus Christ	Ans du regne.		Ans du monde.
1372	9	phes de Bertrand du Guesclin en Aquitaine & Bretaigne. Des Anglois nul ne se parioit à luy sinõ Robin Canolle, lequel Iehan de Montfort le gendre du Roy d'Angleterre auoit laissé Lieutenãt general en toute la Bretaigne contre nous. Iehan des Dormans rend au Roy les seaulx, & remect son office de Chancelier es mains du Roy, de laquelle fut pourueu par le Roy, son frere Guillaume des Dormans. La superstitieuse religion des Turelupins, qui auoyent donné nom à leur secte La fraternité des pauures, fut condamnee & abolye, & leurs ceremonies, liures & habitz condamnez & bruslez.	1333
1373	10		1334
1374	11		1335
1375	12	Iehan de Vienne, Admiral de Frãce. La loy du Roy Charles le quint par laquelle il ordonna que les filz des Roys de France ne seroyent point courõnez ne sacrez qu'ilz n'eussent xiiii. ans, fut promulguee en Parlement le xx. iour de May. Le pape Gregoire xi. remeit le siege du Pape à Romme, qui pour lors estoit en Auignon.	1336
1376	13	Le x. de Iuillet mourut le prince Edouard, Iehan de Montfort tint en si grand' subiection les Francoys, mattez pour le long espace de temps, que Loys, Duc d'Aniou fut contrainct de s'en retourner.	1337
1377	14	Pour les Affaires & necessitez de	1338

iiii

Cronique des Roys

Ans de Ie- sus Christ	Ans du regne.		Ans du monde.
		la guerre, fut imposé tribut sus le sel & sus le vin. P. Emile. Le Roy Charles cinqieme, en ce temps la auoit cinq puissantes armees contre les Anglois, à fin qu'on sache qu'il estoit plus crainct & redouté, & mieulx entendu aux affaires, que ses gens d'armes ne ses Capitaines. La mort du Roy, pere d'Edouard. Richard le filz dudict Edouard, Prince de Galles, filz dudict Roy, luy succeda estãt en l'aage de xix. ans: & ce par le vouloir dudict Roy Edouard, qui ainsi l'ordonna par sa derniere volunté.	
1378	15	Charles iiij. Empereur, oncle du Roy de France, auec son filz Vencelaus, Roy des Rommains, vindrent en France pour faire la paix entre les Roys de France & d'Angleterre, ilz furent auec tresgrande magnificence receuz, & feirent leur entree à Paris le iiij. iour de Iãuier. Le Roy, nonobstant qu'il fust malade, alla au deuant d'eulx iusques a la porte S. Denis: mais tout le traicté de la paix fut interrõpu & dilayé, a cause du trespas de la Royne, qui fut le sixieme de Feurier, & vn bien peu apres celuy d'Isabel, sa fille le neufieme dudict moys. Durant ce temps de dueil les Empereurs s'en allerent, par le cõmandement desquelz soudainement	5339
1379	16	fut faict assemblee à Gand, pour traicter ladicte paix: mais encores chacun de rechef s'en retourna sãs	La cõmune des gãtoys au pays de Flandres, prend les armes contre	5340

de France. Feuil. lxxvii.

Ans de Jesus Christ	Ans du regne.		Ans du monde.
		rien faire, pour les diuisions & scismes de la papauté. le Côte & la Noblesse, Philippe Duc de Bourgongne, vient au secours de son beau pere.	
		Le scisme dura trente ans. Vrbain vi. exerçoit la Papaulté à Romme, & Clement esleu par les Cardinaux Francoys, en la ville de Fondy (qui appartenoit à Iehanne, Royne de Sicile) tenoit son siege en Auignon, duquel le Roy de Frâce tenoit le party: A raison dequoy durât ce temps deux Conciles de l'Eglise Gallicane furent assemblez à Paris. Le premier, auquel y eut plus de gens assemblez, fut l'vnzieme de Septêbre, & l'autre le dixseptiesme de Ianuier.	
1380	17	Thomas d'Angleterre sort de Calays pour venir en France, & de la en Bretaigne, pour secourir Iehan de Montfort, ayant à sa queue le Duc d'Aniou, lequel toutesfois n'osoit liurer le combat. Le xiij. de Iuillet Bertrand du Guesclin fut preuenu de mort, estant a l'estroict du siege qu'il auoit mis deuât Chasteauneuf, qui fut rendu le propre iour que ledict Cônestable mourut, il fut enterré à sainct Denis, au bas du sepulchre du Roy. Le Roy trespassa le xvi. de Septembre, au chasteau de Beauté, au boys de Vincênes & fut inhumé à sainct Denis. Nicolas Oresme, homme docte (le conseil & admonitions duquel le Roy Charles cinquieme oyoit moult voluntiers (a traduit	1341

Chronique des Roys

Ans de Iesus Christ	Ans du regne		Ans du monde
1380			5341

de latin plusieurs livres d'Aristote, de Cicero, & autres Autheurs. Ledict Roy Charles le Quint estoit grand amateur des lettres, & hommes lettrez. Durant son regne il commanda (tressongneux des choses ecclesiastiques, & des sainctes lettres) que la S. Bible fut traduite diligemment & selon la verité (les Vaudoys certes & autres la tournoyent ainsi qu'il leur plaisoit) il n'auoit rien en plus grande recommandation, sinon que d'vne chacune chose le droict fust egallemêt gardé à vn chacun, & assistoit souuêtesfois aux iugemens. il estoit liberal & biê faisant aux pauures. A raison dequoy, à bon droict, il a acquis le nom de Saige, il estoit en tout & par tout hõme de paix en sorte que depuis qu'il fut cree Roy iamais ne vestit armeures n'autre habillement de guerre, il regaigna sus les Anglois quasi tout ce qui auoit par eulx esté osté à son pere Ses Lieutenans de guerre les Ducz d'Aniou, de Bourgõgne & de Bourges. ses freres, le Duc de Bourbon & Bertrãd le Connestable de Frãce, faisoyent ses affaires tresheuresemêt, en toutes choses qu'il auoit affaire il auoit gens moult exquis.

Charles sixiesme. lii. Roy, quarante & deux ans.

Il fut consacré Roy fort ieune le quatrieme iour de Nouembre, pour le different de ses tuteurs, toutesfois Loys Duc d'Aniou, le plus ancien de ses oncles, de-

de France. Fueil.lxxx.

Ans de le sus Christ.	Ans du regne.		Ans du monde.
		moura Regent en France. Loys Duc de Touraine. Oliuier de Cliſſon, de Bretaigne, Conneſtables. Les Iuifz tourmentez & affligez par gens perduz & deſeſperez.	
1381	1	Iehã duc de Bretaigne eſt receu en foy & hommage par le Roy de ladicte Duché. Les Eſcoliers & gens d'Egliſe pourſuyuent en iuſtice Hugues Ambriot, homme bien venu à la court, & lequel eſtant Preuoſt de Paris auoit edifié de grãs & magnifiques œuures & baſtimens (Paul Emile les explique.) Iceluy Ambriot meſpriſoit lors les Eſcoliers, & gens eccleſiaſtiques, & les piquoit & prouoquoit de parolles. L'Eueſque de Paris le declara heretique, & le cõdamna a perpetuelle priſon. Ce Roy cy ordonna que doreſnauant les Roys de France ne porteroiẽt que trois fleurs de lys en leur eſcuſſon et armoyries. En ce temps les gensdarmes n'eſtoient point payez. La commune eſtoit eſmeue a cauſe des creues, tailles, & impoſitions, nonobſtant que le Roy dernier euſt laiſſé vne ſi grãd ſomme d'argent qui ſe montoit, ſelon Emile. xviij.c. mil eſcus d'or. Gaguin touteſfois, & les grandes Annales de France diſent qu'il en laiſſa dixhuict milions. Veritablement i'ay entendu d'vn homme fidele & veritable la vraye ſomme redigee par eſcript, laquelle il auoit ſuppvtée au calcul, par le commandement de madame Loyſe, Regente de France, en ſon viuant	5342

Chroniques des Roys.

Ans de Iesus Christ	Ans du regne		Ans du monde.
		mere de cestuy nostre Roy Francoys, laquelle somme ne se trouuoit point moindre que ce que dessus. Au commencement de ce regne eut moult de peine apres les deniers du Roy, tout fut dissipe par la frequête mutatiõ des gouuerneurs Loys Duc d'Aniou, Regent de France, filz par adoption de Iehanne, Royne de Sicile, affin de la secourir contre le pape Vrbain, & contre Charles, Roy de Hongrie, euocqué par ledict Pape, s'en allant en ladicte expedition en Italie empoigna ce qu'il peult, il s'efforça par trois fois de demãder aucuns subsides, mais toutes les villes furent reffusantes d'en payer aucune chose, incitees à ce par la sedition & esmeute du commun peuple de Paris, lesquelz pour ceste cause furent appellez Maillotins. Iceulx Parisiens meirẽt hors de prison Ambriot, pour le faire Capitaine sur eulx, lequel eschappé ne se monstra onc depuis. Finablemẽt ce Duc d'Aniou rẽdit les laix & ecclesiastiques vuydes d'argent, il a esté le premier certes, qui par la permission de Clement Antipape a fait cueillir, pour suuenir aux fraiz de la guerre, les decimes par gens laix, & par force, nonobstant les appellations, ce qui ne s'est point faict sans grãd' commotion, & esmeute de l'Vniuersité. Est aduenu aussi que ce qui fut mal acquis fut mal employé & perdu, à cause de la malheureté des affaires qui suruindrent. Iamais le Royaume de France ne fut tant trauaillé qu'il estoit soubz la do-	

de France. Fueil.lxxix.

Ans de Ie-sus Christ	Ans du regne.			Ans du monde.
		...mination de ce ieune & sot Roy, lequel departant ses biens à tout le mõde, sans regarder a qui, vsoit d'vne tresgrande prodigalité. Nous n'auions lors ny honte ny reuerence, vn chascun certes vouloit estre à son plaisir maistre & varlet, a raison dequoy charles septiesme eut moult à souffrir, pour tel trouble en son royaume. Les Princes estoient bien aises dequoy		
1382	2	Le Roy donne secours au Comte de Flandres, contre les Gantois, a la faueur & requeste de Philippe le Hardy son gendre, Le Roy demeure victorieux en la premiere guerre qu'il feit en persõne, qui fut a Rossebec le xxi. de Nouẽbre. En ceste bataille furẽt occis plus de.xx.mil Flamens. Philippe Arteuelle, conducteur de l'armee des Gantois, aprez auoir este blecé neut cure de se faire guerir, ne de plus viure apres si grãde deffaicte de ses gens.	le Regent s'en alloit de France, affin de n'estre point cõtrains d'estre subiectz a luy, n'obtẽperer a son authorité. Le Roy de Hõgrie print Iehanne la Royne de Sicile, et la feit mourir deuant que le Duc d'Aniou fust passé en Italie, lequel estant couronné par le pape Clemẽt en A-	5343
1383	3	Quoy voyant le Roy, cõ[mã]da que son corps fust h[õ]teusement pendu a v[n] gibet. En ceste guerre cy, laquelle dura sept	uignõ, Roy de Sicile & de Hierusalẽ, soudain passa les Alpes auec trè-	5344

mil hommes de cheual, des gens de pied on n'en sçait le nōbre, ans, moururent plus de deux cens mil hommes. mais il mourut en la Pouille le neufieme de Septēbre, son corps fut raporté en France, & ses gēsdarmes s'en reuindrent sains & sauues par troppes. Loys deuxieme Duc d'Aniou, qui print a femme Yoland d'Arragon. Le Roy a son retour de Flandres entra auec son armee dedans Paris, fort indigné contre les Cytoyens. A la commiseration & prosternation du peuple qui se ietta à genoulx, nues testes deuant luy, il en feit seulement mourir trois cens, les autres n'eurent autre punition, sinon qu'ilz bailleroient la moytié de leurs biens, laquelle fut distribuee aux gensdarmes. En pareil cas le Roy punit ceulx de Rouen, & de quelques autres bonnes villes. Le Roy par vindication osta & abolist les Escheuins & preuostz des marchās: l'office duquel ne fust restablie que cinq ans aprez. Iehan des Marais, Aduocat du Roy en Parlement, lequel estoit fort chery & aymé du commun fut decapité, & fut son proces faict en bien peu de iours.

Pierre d'Orgemont Chācelier de Frāce. Le Roy fut contrainct remener de rechef son exercite en Flandres. Les Anglois, qui estoient venuz au secours des Gantoys, s'en retournerent en Angleterre.

Ce temps pendant deceda Loys, Com-

| 1384 | 4 | | 5345 |

Ans de Ie-sus Christ.	Ans du regne.		Ans du monde.
		...te de Flandres, a sainct Omer, le trenteieme iour de Ianuier, Philippe le Hardy, son gendre, fut son heritier. lequel appaisa les Gantoys se voulans rebeller, & pacifia toute l'affaire moult prudenment. Philippe le Hardy, Duc de Bourgongne, Comte de Flandres, &c. Le commun populaire, gens mecaniques, & laboureurs d'Auergne, de Lymosin, & de Poitou se mutinerent, & se meirent sus en armes contre les Gentilz hommes, & contre les gens d'eglise, aians sus eulx pour leur Capitaine vn nommé Pierre des Bruyeres: lesquelz furent presque tous mis a mort de l'espee, ou pendux miserablement par le Duc de Berry. Bien peu d'eulx eschapperent, qui s'en retournerent labourer les champs. Aprez ceste defaicte le Duc de Berry alla en Auignon, pour veoir le Pape. Iceluy Duc Iehan de Berry, oncle du Roy, estoit homme de grand' vertu & moult fort ingenieux: il aymoit souuerainement les gens d'esprit, il estoit quelque peu auare, par ce qu'il estoit magnifique en toutes ses entreprinses, & aussi qu'il employoit moult grand argent aux bastimens & Eglises. La fin de la guerre de Flandres.	
1385	5	Leon Roy d'Armenie, expulsé par les Turx & infideles, fut receu & traicté en France en moult grand honneur: Il passa depuis par le pays d'Angleterre, en pensant faire que les Roys,	5346

Chronique des Roys

Ans de Iesus Christ	Ans du regne		Ans du monde.
		de France & d'Angleterre, estans d'accord, entreprinssent d'aller ensemblemēt contre les Turcs: mais voyāt qu'il ne pouoit gaigner ce point, s'en retourna en France. Iehan de Vienne, Admiral de France, enuoyé en Escosse contre les Anglois, s'en reuient sans rien faire, pour le different qu'il eut auec les Escossoys, & admonnesta le Roy d'aller contre le Roy d'Angleterre.	
1386	6	Le tresgrand appareil de guerre qu'on auoit faict contre les Anglois au port de l'Escluse, est rompu & delaissé par le retardement, conseil & authorité du Duc de Berry.	5347
1387	7	La mort de Charles, le vieil Roy de Nauarre, lequel par grand accident se brusla soymesmes, sans y pouuoir donner ordre. A Paris y eut vn combat d'homme à homme, entre Iehan Caronge & Iaques le Gris, accusé d'adultere, lequel vaincu, fut puny de l'offence. Le Duc de Bretaigne conuie à vn bāquet, en sa maison, le Connestable Clisson, lequel si trouue. Iceluy Duc, aprez les tables leuees fai-	5348
1388	8	gnit le vouloir pour mener, & luy monstrer la magnificēce du logis qu'il bastissoit, & en l'instant le fait empoigner cōme son prisonnier, pource qu'il auoit payé la rāçon des deux enfans de deffūct charles, Comte de Bloys, & auoit contracté amytié & affinité auec eulx, & ne le voulut iamais le Duc lascher (nonobstant que le Roy en fust fort irrité & mary)	5349

de France. Fueil. lxxxi.

Ans de le sus Christ	Ans du regne.		Ans du monde.
		iusqu'à ce qu'il eust receu vn gros argent de luy, auec quelques places que le Roy puis aprez luy feit rendre par force. Oluier de Clisson, Cônestable, & Iehan le Mercier de Noniant grand Maistre, & Pierre de la Riuiere, aprez que les Ducz, oncles du Roy, furent renuoyez en leurs maisons, obtindrēt toute l'administratiō du royaume, acquerans en beaucoup de manieres la male grace des gens d'Eglise.	
1389	9	Le Roy allant au pays de Languedoc visite le pape Clement en Auignon, lequel en la presence du Roy couronna Roy de Sicile & de Hierusalé Loys le ieune Duc d'Aniou, lequel ce pendant iouyssoit de Prouence.	5350
1390	10	La guerre saincte en Affrique par les prieres des Geneuoys. Le Duc de Bourbon fut enuoyé & estably chef de l'armee. Les anglois & Venitiens partirent ensemble de Genes, & arriuerent tout droict au port de Thunes. Iceulx aprez auoir tiré des Barbares grande somme de deniers, & accordé auec eulx qu'ilz se contiendroyēt en Affrique, & qu'ilz rēdroyent tous les prisonniers chrestiēs, s'en retournerent en leurs maisons.	5351
1391	11	Par la mort de Philippe, Duc d'Orleās, le Roy donna la Duché à Loys son frere, lequel pareillement par le trespas de Philippe, son frere, succederoit à la Duché de Milan, à cause de Valentine sa femme, fille de Iehan de Galeas. Pierre de Lu	5352

Chronique des Roys

Ans de Ie-sus Christ	Ans du regne.		Ans du monde.
		nay, natif de Cathalögne, fut esleu Pape en Auignon, apres le trespas de Clemēt, & fut nommé Benedic, luy contreuenant a sa foy, & au sermēt qu'il auoit faict, ne voulut iamais entēdre à l'vnion de l'egli-se, n'a faire cesser le scisme qui y estoit: mais seulement pour appaiser les Ducz de France, qui estoient indignez contre luy, leur permist les decimes d'vne année, qui fut cause de faire contrister & mur-murer tout le monde. Luy donc estant ainsi hay & mal voulu, se retira en son pays d'Arragon. Ce fut le premier des papes qui voulut(pour estre en plus grād' seureté) qu'on portast le corps de nostre Seigneur, pour sa garde, deuant luy par tout. Alors on ne receuoit point à la court du Pape de l'argent de France nul-lement du monde, Loys, Duc d'Aniou, debatoit que le royaume d'Arragon luy apartenoit, a cause d'Yolād: mais il fut adiugé a Ferdinand de Castille. Iacques, Comte d'Arminac, apres auoir amassé en Frāce vne grand' tourbe de vagabōdz & gēs perdux, tire droict en Italie, pour donner secours aux Florentins, desquelz	
1392	12.	il auoit prins argent, contre les Milan-noys. Il fut vaincu en Alexandrie, & prins, & peu de tēps apres mourut pour les coups qu'il y auoit receux. Le. xiiii. iour de Iuin. Pierre Craon reuint secre-tement a Paris, & de la(aprez qu'il eut si fort nauré le Connestable de Clisson qu'il pensoit l'auoir laissé mort) s'enfuyt	5353

de France. Fueil. lxxxii.

Ans de Ie̅sus Christ	Ans du regne		Ans du monde.

au pays d'Aniou. Cliſſon eſtimoit que le Duc de Bretaigne ſceuſt bien ceſte entreprinſe, & qu'il en fuſt. Le Roy fut ſi marry de l'inconuenient aduenu en la perſonne dudict de Cliſſon, & en conceut en luy vn ſi grand appetit d'en faire vengeance, qu'il n'e̅ pouoit boire ne me̅ger, ne dormir. Pour ſe venger du faict leua vne puiſſante armee, auec laquelle il delibere marcher, ferma̅t les aureilles a tous ceulx qui luy parloient d'appoinctement: mais en ſortant du Mans, pour le grand deſpit & rage d'eſprit qu'il auoit qui ſe meſlerent auec les grandes chaleurs qui coūroient lors, il entra en vne phrenaiſie, & perdit ſon bon ſens le. xxvij. de Iuin. Au moyen de ceſte fureur, il fut ſi auant hors de luy qu'il tuoit tous les plus prochains de ſa perſonne, & co̅ſequamment tous ceux qu'il re̅controit iuſques a ce qu'il fut tant laſſé qui luy co̅uint tomber de deſſus ſon cheual, & eſtre reporté a la ville, ou il commencea a ſe trouuer vn peu mieulx, apres que les Medecins y eurent beſongné, & ſe recongneut. Depuis ce temps la toutesfois nul ne s'oſoit fier en luy: car il reto̅boit quelque fois en telle maladie, en telle ſorte qu'il ne congnoiſſoit pas ſa propre femme. Les oncles du Roy retournez en la ville de Paris, reprindrent le gouuernement du royaume. Le duc d'Orleans, qui eſtoit frere du roy, vouloit auoir telle charge, mais elle luy fut deniee, par ce qu'il eſtoit trop ieune. Ceulx qui auoient eſté les premiers au faict

Cronique des Roys

Ans de le sus Christ	Ans du regne.		Ans du monde.
		& regime du royaume, Noniant & de la Riuiere furent chassez & deposez de leurs offices. En semblable cas le Conestable, qui estoit hay de tous, fut contrainct de se retirer en sa maison. Philippe, Comte d'Eu, fut subrogué en son lieu Connestable de France.	
1393	13		5354
1394	14		5355
1395	15	Charles le ieune Roy de Nauarre, auquel la Comté de Nemours fut baillee en recompense des terres que son pere tenoit en Normandie: & pour ce faire ladicte Comté fut erigée en Duché. L'assemblee des Roys de France & d'Angleterre le xxi. d'Octobre. Charles donne à Richard sa fille Ysabel en mariage, aagee de huyct ans. Tresues furent accordees pour trente ans.	1356
1369	16	Iehan, filz du Duc de Bourgongne le Hardy, accompaigné des plus Nobles & plus puissans hommes de Frãce, passe par les Allemaignes, pour aller au secours de Sigismond, Roy de Hongrie, cõtre les Turcx, ou il perdit tout, & fut prins en la ville de Nicopolis: puis s'en retourna auec bien peu de compaignie, apres auoir payé sa rancon.	1357
1397	17	Loys Comte de Sancerre, Cõnestable de France. Iehan le Maingre, dict Boucicault, Mareschal de France.	1358
1398	18		1356
1399	19	Héry, Duc de Lanclastre, bãni d'An-	5360

Nemours

Nemours

de France. Fueil. lxxxiii.

Ans de Iesus Christ	Ans du regne.		Ans du monde.
		gleterre, s'en vint en France: mais vn peu apres, sans que nul s'en doubtast, retourna secrettement en Angleterre, & deposseda de son royaume le Roy Richard, & se fait Roy, puis apres il renuoya Ysabel à son pere, pour la marier auec Charles filz du Duc d'Orleans. Paleologus, Empereur de Grece, vint en France demander secours, mais autre secours n'eut	
1400	20	il que de parolles & de promesses. La mort de de Iehan, Duc de Bretaigne.	5362
1401	21	La veufue du Duc de Bretaigne se remarie à Henry, quatrieme, Roy d'Angleterre. Ses trois enfans Iehan, Duc de Bretaigne, & Richard & artus furent retenuz en France.	5362
1402	22	La natiuité de Charles septiesme, à Paris, le dernier iour de Feurier. Charles d'Alebret, Comte de dreux, establi Conestable de France, soubdainemët apres s'en va faire la guerre en Guyenne. Regnault de Corbie, Chancelier.	5363
1403	23	Genes fut par quelques annees	5364
1404	24	en la puissance du Roy.	5365
1405	25		5366
1406	26		5367
1407	27	Le vingt & deuxieme iour de Nouëbre Loys Duc d'Orleans, frere du Roy (il faut ainsi dire selon Emile) fut occis de nuyct à Paris, par voleurs & meurtriers, pource enuoyez par Iehan, Duc de Bourgongne, lequel voyant son entreprin-	5368

Chronique des Roys

Ans de Iesus Christ	Ans du regne.		Ans du monde.
		se estre descouuerte s'enfuyt. Charles, Duc d'Orleans.	
1408	28	*	5369
1409	29	Le Duc de Bourgongne tout armé & enuironné d'vne grosse cōpaignie de gens bien armez & equippez vient en Parlement contre la veufue de Valentine, pour deffendre son faict, comme licite & raisonnable, ce qui ne fut pourtāt, ainsi trouué toutesfois par crainete luy fut pardōné. Guillaume de Bauieres, pour faire la paix entre eulx s'en alla à Chartres.	5370
1410	30	Ce a esté vne guerre ciuille pour les differens des deux maisons d'Orleās & de Bourgongne. Pour peu de chose les grās & puissans Seigneurs estoyent mis à mort. Les grandes Dames de la court, la Royne mesmes & sa fille, furēt tourmentees & chassees, puis cà puis là tout ne plus ne moins qu'en vn tumulte & peril de guerre. Grādes exactions y eut & auec ce regnoyent peste & famine.	5371
1411	31	Alexandre cinqieme, pape de Rōme, ordonna Loys deuxieme, Duc d'Aniou Roy de la Pouille, voulut oster ledict royaume d'Ladislaus. Iehan, aussi son prochain successeur Pape, feit le semblable. A Paris y eut grande sedition & esmeute de bouchiers, qui se renouuella par diuerses fois, pour le Duc de Bourgongne, & tout cecy par la faction & menee de Pierre des Essars, Preuost de Paris, qui leur bailla pour chef sus eulx vn escorcheur nommé Caboche.	5372

de France. fueillet. lxxxiiii.

Ans de Ie{us}Christ.	Ans du regne.		Ans du monde.
1412	32	Les Anglois qui estoient venuz pour soustenir le party du Duc d'Orleans, apres auoir entendu que la paix estoit faicte auec le Duc de Bourgongne, feirent de grands maulx en France: & apres ce ilz retindrent trente deux ans en Angleterre Iehan, Comte d'Angoulesme, frere du Duc d'Orleans.	5373
1413	33	Iehan, premier, Duc d'Alencon.	5374
1414	34	Loys Daulphin. Duc de Guyenne, prent le gouuernement du royaume.	5375
1415	35	Iaques de Bourbon Comte de la Marche, prend a femme Iehanne, Royne de Naples, laquelle au parauant auoit promis mariage a Iehan, Roy d'Arragon, mais elle deceut l'vn & l'autre. Enuiron le treizieme iour d'Aoust Henry, cinquieme, Roy d'Angleterre, trauersa la Normandie, lequel apres qu'il eut contrainct Harfleu de soy rendre, il se retira vers Calays le vingtcinquieme d'Octobre, & liure la bataille aux Francoys à Azincourt, pres Blangy, ou il eut peu de perte, fors que son frere le Duc d'Eureux y fut tué. Dix mil Francoys y demourerent, auec grand nombre de gentilz hommes, & presque autãt furẽt prisonniers. Les Ducz d'Alencon de Bar, de Lorraine, & de Brabant y moururent, & pareillement le conte de Neuers & le connestable Alebret, les ducz d'orleãs & de Bourbõ y furẽt prins auec Boucicault, & le Comte de Vendosme. Le concile assemblé & tenu trois ans durant a	5379

l iiii

Ans de le sus Christ	Ans du regne.		Ans du monde
		Constances, par le pourchax & diligence de l'Empereur Sigismond. Trois furent privez de la Papaulté, mais signamment l'orgueilleuse obstination & contumace de Benedic y fut condamnee, lequel ne daigna y assister n'y envoyer. Martin v. est esleu seul Pape. Loys Dauphin decede, lequel soubdainement apres est sui-	
1416	36	uy de Iehan, son frere Charles, Daulphin. Iehan Comte d'Armignac, Conestable. L'Empereur Sigismond vint vers le Roy charles, et de la s'en va vers Henry, Roy d'Angleterre, pour penser faire la paix entre eulx deux, mais pour neant. Amé, premier duc de Savoye. La mort de Loys Duc d'Aniou. Les differens renouvellez. Le Comte d'Armignac, Connestable, envyé & hay a cause de l'administration des finances. La brigue du Duc de Bourgongne estoit	337
1417	37	la plus puissante. La Royne, delaissant le Roy, se rend soubz sa puissance, avec sa fille Catherine. Ce pendant le Roy d'Angleterre faisoit bien ses besongnes en Normandie.	378
1418	38	Iehan de Valois, au moyen d'une ouverture d'une porte, qui luy fut faite par trahison le.xxix. de May, entre de nuict a Paris, & l'assault avecq' compagnie de gens armez, & illec sans avoir esgard ou il s'adressoit il faict une tuerie & boucherie moult grade & moult cruelle, & prend la ville, le Roy & toute la court au nom du Duc de Bourgongne. Le Con-	379

de France. Feuil.lxxxv.

Ans de Iesus Christ	Ans du regne.		Ans du monde.
1419	39	te d'Armignac, Conneſtable, & Henry de Merle Chancelier y furent occis: A peine le Daulphin peut il euader. En la preſence du Daulphin, voulãt traicter de la paix, le Duc de Bourgongne fut tué à Monſtereau.	
1436	39	Philippe Duc de Bourgongne, en vengeance de la mort de ſon pere s'accoincta du Roy d'Angleterre, & luy met entre ſes mains le Roy, la Royne, la ville de Paris, & tout ce qui eſtoit ſoubz ſa faction, & côtraignit Catherine, la fille du Roy Charles, ſe marier auecq' luy en la ville de Troyes, ſoubz ceſte condition que eulx & leurs enfans ſuccederoient au royaume de France, & ce pendant Henry, mary de ladicte Catherine, ſeroit Roy d'Angleterre, & Regent de France, par ce moyen le Daulphin fut desherité & preſcript.	5380
1420	40	Henry meine ſa femme en Angleterre, ou ilz furent receuz auec grand' pompe & triumphe. Il auoit laiſſé en France ſon frere Hoffroy, Duc de Cloceſtre, pour gouuerner la choſe politique & ciuile, Et Thomas duc de Clarence, pour le faict de la guerre, lequel fut tué à Baugé, au pays d'Aniou, par l'exercite des Eſcoſſoys qui eſtoient venuz en France ſouſtenir & faire la guerre pour le Daulphin. Iehan Senart Eſcoſſoys, Comte de Boucan, fut fait par le Daulphin Conneſtable de France. Iaques de Bourbon eſt contrainct laiſſer Naples & s'en re-	5381
1421	41		5382

Ans de Iesus Christ	Ans du regne.		Ans du monde.
		uenir en France.	
1422	42	La Royne Iehanne, sa femme, adopte Alphonse, le Roy d'Arragon, & l'attire à soy. Le Pape Martin establist Loys iij. Duc d'Aniou, Roy de Naples. Ie pense qu'Emile s'abuse quand il met ij. pour le iij. Ladicte Royne vn peu de tẽps apres auoir conceu hayne contre Alphonse, rompt & adnulle l'adoption. Ce faict elle adopte le Duc d'Aniou, & le faict venir à Romme, & luy baille la duché de Calabre. Apres que le Roy d'Angleterre eut entendu la mort de son frere il s'en reuint en France. Le.xxx.iour d'Aoust Henry.v. Roy d'Angleterre, delaissant de sa femme Catherine, Hẽry vi. Roy, qui n'auoit que deux ans, mourut au boys de Vincẽnes, sõ corps fut porté en Angleterre, il feut deuant sa mort ses freres Iehan, Duc de Bethfort, & Hoffroy, Duc de Clocestre, regẽt, scauoir est le Duc de Bethfort auec Philippe duc de Bourgongne, de France, & le Duc de Clocestre, d'Angleterre. Le vingt vnieme iour d'Octobre, Charles, sixieme trespassa, & fut enterré à S. Denis.	5383
1423	1	## Charles septieme. liii. Roy, trente huict ans.	5384
1424	2	Cestuy eut à femme Marie, fille du roy de Sicile, Duc d'Aniou, de laquelle il	5385
1425	3	eut deux filz, Loys qui fut Roy apres luy & Charles, qui au cõmencemẽt fut Duc de Berry, & depuis Duc de Norman	5386

de France. Fueil.lxxxvi.

Ans de le sus Christ	Ans du regne.		Ans du monde.
		die: & finablement Duc de Guyēne. & iiij. filles, c'est assauoir Catherine, qui par le traicté d'Arras fut fiācee à Charles,	
1426	4	Cōte de Charoloys, laquelle mourut auāt la cōsummation du mariage, Yoland qui fut mariee au Cōte de Piedmont, qui a-	5387
1427	5	pres fut Duc de Sauoye, Iehanne qui fut mariee à Iebā, Duc de Bourbō & d'Auuergne, & Magdaleine qui fut mariee au Prince de Nauarre.	5388
1428	6	Francoys, Duc de Bretaigne. Le siege d'Orleās. Thomas de Mōtagu, Anglois Cōte de Salebery, fut blesse & mourut.	5389
1429	7	Ceulx d'Orleans, miserablement destituez de tout ayde, auoyent delibere de se rendre au Duc de Bourgongne, mais à raison d'vne contention qui suruint entre les Capitaines Anglois, ilz n'en feirent rien, qui fut moult grief au Duc de Bourgongne. En ces entrefaictes vint vne Pucelle, en armes, secourir les assiegez, si biē qu'elle contraignit les ennemys de leuer le siege le huyctieme iour de May, & les chacea d'vne puissance nō puerile. Cela faict, les affaires des Francoys cōmencerent a ce mieulx & plus heureusement porter. Iehan, bastard d'Orleans. La guerre du Patay en Beaulce, en laquelle les Anglois, furent vaincuz & deffaictz, & fut prins Iehan Talbot. La Pucelle en armes mene le Roy Charles sacrer a Reims, & le faict passer par beaucoup de lieux occupéz des ennemys, & si prindrent plusieurs villes en chemin.	5390

la pucelle

Chronique des Roys

Ans de Iesus Christ	Ans du regne.		Ans du monde.
		Le Duc de Bethfort, Anglois, faignāt vouloir liurer la betaille, amuse le Roy, lequel cuydoit retourner droict à Paris.	
1430		En la batterie de Paris, la Pucelle fut naurée en la porte sainct Honoré, l'armée se retire, laquelle elle mena & conduyct en autres parties de Frāce cōtre les Anglois, ou elle besongna si bien que pour les bonnes fortunes & victoires qu'elle obtenoit, acqueroit par tout grād bruyt & honneur. Elle faict tant par force & par ruse qu'elle entre dedās Compiegne, qui estoit assiegée : mais à vne saillie qu'elle feit sus les ennemys elle fut prinse par le ban de Luxēbourg, & enuoyée à Rouen au Duc de Sommersel, ou elle fut par enuie declarée magicienne ou sorciere, & comme telle fut bruslée. Les Anglois sont contrains de leuer le siege de deuāt Compiegne.	5391
1431	9		5392
1432	10	Henry.vi. Roy d'Angleterre, passa en France, & fut couronné Roy de France en la grand' eglise de Paris. René Duc de Bar, fut prins en faisant la guerre à Antoine, Comte de Vaudemont, & amené prisonnier au Duc de Bourgongne.	5393
1433	11	En France lors pour raison des guerres y auoit grand' calamité, & misere continuelle, par tout les terres demouroyēt en frische, famine couroit, l'vn ne demandoit que le dommage de l'autre.	5394
1434	12	Ambrois de Loré, Estienne la Hyre,	5395

de France. Fueil.lxxxvii.

Ans de Iesus Christ	Ans du regne		Ans du monde
		Poton de Xaintrailles, cheualiers de france. La mort de Thomas, Comte d'arondel, Anglois, lequel fut nauré vers Beauuais, a la forteresse de Gerbery.	
1435	13	Charles crignāt l'aduanture de la guerre, & sachāt bien estre le meillieur moyē pour vaincre ses ennemys, les desassembler & separer les vns d'auec les autres, s'efforce de gaigner & attirer a soy le Duc de Bourgongne, qui estoit malvoulu des Anglois, & lequel auoit este d'eulx esconduyt & refusé de quelques choses qu'il taschoit. La ville d'Arras fut destinee pour faire la paix. Le Legat du Pape ne leur peut oster ne les glaiues ne les armes, car il n'y auoit moyen du monde de trouuer appoinctement auec le Roy d'Angleterre. Le Roy bailla au Duc de Bourgongne tout ce qu'il demādoit, voire plus qu'il ne pouuoit. Les ligues & inimitiez, qui auoient si long temps continué, furent assopies & estainctes. La mort de Iehan. Duc de Bethfort, à Paris. Le Roy d'Angleterre tasche & s'efforce de faire faire vne esmeute aux Flamens, contre le Duc de Bourgongne.	5396
1436	14	Le Duc mect le siege deuant Calays, mais a raison du secours qui vint a ceulx de dedans, il fut contrainct d'abādonner le siege. De la s'en alla ordonner de l'estat de Flandres. La reduction de la ville de Paris, laquelle les Francoys par leur vertu osterēt de la main des Anglois au moys d'Auril. D'autant que Iehan de	5397

Chronique des Roys.

Ans de Iesus Christ	Ans du regne.		Ans du monde.
		Villars se monstra desloyal, & de mauuaise foy a la prinse, d'autant se monstra il vertueux & puissant a la recouurance d'icelle Loys Daulphin, espouse en la ville de Tours Marguerite, fille de Iaques, le Roy d'escosse le.xxv.iour de Iuin.	
1437	15	René Duc d'Aniou frere de deffunct Loys.iii. Duc heritier testamētaire de Iehāne, Royne de Naples, deliuré apres sa rācon payee au Duc de Bourgongne, fut couronné roy de Naples, ou il estoit allé par l'aide des geneuoys, lesquelz s'estoiēt mis en liberté, se voiās deceux par Philippe Duc de Milan, lequel ne le auoit aucunement recōpensez d'auoir vaincu & pris prisonnier en guerre nauale les roys d'Arragon en l'Isle de Pōtia. Isabel son espouse, femme de grand cœur & peu feminin, estoit arriuee plus tost que son mary à Naples, pour deffendre son droict cōtre Alphonse, Roy d'Arragon.	5398
1438	16	La Pragmatique sanction, ordonnee au Concile de Basle, & approuuee par le Roy, estant a Bourges, le septieme iour de Iuillet, & depuis publiee a Paris le trezieme dudict moys.	5399
1439	17		5400
1440	18	La rācon de Charles, Duc d'Orleās, prisonnier en Angleterre, c'est qu'il espousa Marguerite, fille du Duc de Cleues, niepce du Duc de Bourgongne. La fin du different d'entre les Ducz d'Orleans & de Bourgongne, lesquelz se ioignent ensemble, par alliance & amytié. Le	5401

de France. Fueil.lxxxviii.

Ans de Ie-sus Christ	Ans du regne		Ans du monde.
		Daulphin induict par le mauuais conseil d'aucuns Princes, se voulut estranger de son pere, & laisser son party: mais le pere de benignité qui estoit en luy, pardonna a son filz, & appaisa & osta la coniuration. Amé Duc de Sauoye, fut establi & nommé pape Felix, cinquieme, au Concile de Basle: il s'estoit premierement retiré en vn hermitage, laissant sa Duché a son filz, & depuis encores ne trouua il point mauuais, ne ne feit difficulté de laisser la papaulté a Nicolas, cinqieme. Il estoit si homme de bien, que pour oster le scisme qui estoit en l'Eglise, il fut content d'estre simplement Legat en son pays.	
1441	19		5402
1442	20	René aprés auoir perdu Na-	5403
1443	21	ples contre Alphonse, fut côtrainct de retourner en France.	5404
1444	22	Durant les trefues René maria sa fille Marguerite a Henry, Roy d'Angleterre, Ce pendant le Roy Charles, a la priere & supplication de Rene s'en alla contre ceulx de Metz. Le Daulphin s'en alla contre les Suisses, & contre ceulx de Basle. pour Sigismond, Duc d'Austriche, Charles d'Aniou. Comte du Maine. Bernard, Comte de la Marche.	5405
1445	23		5406
1446	24		5407
1447	25		5408

Ans de Ie	Ans du		Ans du
sus Christ	regne		monde.
1448	26	Iaques Coeur, citoien de Bourges, tres opulent. Francoys Sforce prenant a femme Blãche, bastarde de Philippe, dernier Duc trespassé, se saisira de la Duché de Milan, de laquelle estoit heritier le Duc d'Orleans, filz de sa soeur.	5409
1449	27	Les tresues rompues. Le Roy vient à chef de ses affaires en la Normãdie, luy victorieux entra dedãs Rouen auec pompe & triumphe.	5490
1450	28	Le.xv.d'Auril y eut bataille à Formigny, & furent vaincuz les Anglois. Charles.vii. regaigna & recouurit tou	5411
1491	27	te la Normandie, aprez que les Anglois en eurent iouy par trente ans. Pierre, Duc de Bretaigne.	5412
1452	30	Les Anglois chassez de Guyenne. Ce Roy cy, qu'on appelloit par raillerie le Roy de Bourges, & le Roy timide, n'a point fait de cas des Roys qui estoient trespuissantz en force & vertu, & les a desconfitz & chassez.	5413
1453	31	La ville de Bordeaux se rend à Talbot incontinent aprez son retour. Le xiii. iour de Iuillet y eut bataille à Chastillõ en Perigort, en laquelle Iehan Talbot & son filz furent occis. Bordeaux de rechef recouuert.	5414
1454	32		5415
1455	33	Les Anglois totalement expulsez de France, lesquelz ne possedoient plus rien en tout le royaume de France, que Calays, & quelques lieux circonuoysins.	5416

de France. Fueil. lxxxix.

Ans de Ie- sus Christ	Ans du regne.		Ans du monde.
1456	34	Le Daulphin s'estoit de rechef substraict du party de son pere. Le Roy, ce voyant,	5417
1457	35	luy fait la guerre, & le despoille de tous biens, & deffend que nul ne le retire: il s'enfuyt vers le Duc de Bourgongne, qui le garda prudemment & discrettement par quelques annees. Artus Connestable de France, Duc de Bretaigne.	5418
1458	36		5419
1459	37	Francoys.ii. Duc de Bretaigne.	5420
1460	38	Henry, Roy d'Angleterre, chacé de France, puis apres par la conspiration des Princes, chacé de son royaume, s'enfuyt en Escosse. La Royne Marguerite auec son filz Edouard, se retire en France par deuers son Pere, Rene d'aniou. Le xxiiii. de Iuillet, le Roy deceda a Meun sur Yeure, & fut porté a sainct Denis.	5421
1461	1	**Loys.xi. cinquantequatriesme Roy. xxiii.ans.** Il fut sacré à Reims le xv. d'Aoust.	5422
1462	2	L'assemblee & parlemēt des Roys de France & de Castille, a Fontarabie. La Comté de Rossillon engagee au Roy de France, par le Roy d'Arragon, dōt sour-dirent puis aprez tresgrandes diuisions.	5423
1463	3		5424
1464	4	Vne guerre fut en ce tēps (appellee biē public) laquelle fut par le consentement & cōspiration des Princes, taschans mettre le Roy mesmes en leur subiectiō, par ce qu'il estoit les dignitez & offices aux	5425

m

Chronique des Roys

Ans de Jesus Christ	Ans du regne		Ans du monde
		plus vaillans & plus anciës Seigneurs, ausquelz deffunct son Pere les auoit donnees: & aussi pource qu'il attiroit tousiours, par le menu, les gros Seigneurs & Gentilz hommes. Le Duc de Bretaigne & le Côte de Charoloys, filz du Duc de Bourgongne persuaderët a Charles, Duc de Berry, frere vnique du Roy, d'estre le chef de la conspiration & entreprinse de guerre. Ceulx qui estoient depossedez de leurs dignitez & estarz les suyuirent.	
1465	5	Le xvii. iour de Iuillet la bataille fut donnee a Montlehery, contre le Comte de Charoloys. La nuyct meit fin a la guerre. Aprez la baterie le Roy se retira à Corbeil, le Comte de Charoloys demoura au camp. Il y eut plus de bruyt & de fuyte, qu'il n'y eut de meurtre & de playes. Le Duc de Bourgongne pensoit la victoire estre de son costé, mais tousiours depuis l'heure ses affaires ne cesserent de diminuer, & aller en decadence, il alla au deuant de l'armee des Ducz de Berry et de Bretaigne iusques à Estâpes. Frâcisque Sforce Duc de Milan, donne secours au Roy, de son conseil, & de sa puissance, en armes, il enuoye en France son filz Iehan de Galeas. Guillaume Chartier Euesque de Paris. Les ennemys sont es enuirôs de Paris. D'autre couste le Duc de Bourbon est a Rouen, qui est receu par les Citoyens, d'vn grãd	1426

La guerre du Duc de Bourgõgne, contre les Liegeoys.

Ans de	Ans du		Ans du
sus Christ	regne.		monde.
		& amyable vouloir, au nom de Charles, Duc de Berry: a raison dequoy le Roy fut contrainct d'entendre a accord. La paix faicte a Conflans, Charles eut Normādie, & Charolois les villes asises sus la riuiere de Sōme, & quelques autres, pour tousiours. Loys de Luxembourg, Comte de sainct Paul, Conneftable de France. Le Roy leur bailla tout ce qu'ilz demanderēt en l'inftant pour les feparer & departir les vns d'auec les autres. Il n'y eut que le Duc de Bretaigne qui fut le plus mal fortuné, & qui eut le plus de perte. Charoloys fait expedition contre ceulx du Liege. Entre le nouueau Duc de Normandie & le Duc de Bretaigne, sourdirent grandes simultez. Le Roy vient en Normandie, & son frere pauure & desnué s'enfuyt de rechef en Bretaigne.	
1466	6	Iehan de Galeas, ayant entendu la mort de son pere s'en retourna en la plus grād diligēce qu'il luy fut possible, en la Duché de Milan. La prinfe & deftruction de Neefle, par le Duc de Bourgongne.	5427
1467	7	Le treffaffement de Philippe, Duc de Bourgongne, le quinzieme iour de Iuin, a Bruges. Apres que ceulx du Liege se furent rendux, le Duc de Bourgongne alla droict a Gand, pour accorder & appaifer tout.	5428
1468	8	Le Roy part & s'en va menant peu de gens auec luy, a Peronne, pour cōferer de leurs affaires auec le Duc de Bourgon-	5429

Cronique des Roys

Ans de le sus Christ	Ans du regne.		Ans du monde.
		gne, lequel auoit baillé sa foy au Roy. Estâs audict lieu, le Duc fut auerty que ceulx du Liege s'estoyẽt reuoltez, à ce faire induyctz par ceulx du party du Roy. A l'occasion dequoy le Roy fut la encloz & detenu en garde deux ou trois iours, en grand peril. Le Roy se voyant en telle necessité, s'adresse à aucũs des plus grãds Seigneurs de la compaignie du Duc, & qui estoyent ses plus familiers amys, & les corromps par argent, en leur baillant la somme de quinze mil escuz. La paix fut ainsi accordee & iuree, c'est assauoir, que le Roy bailleroit à son frere, Champaigne & brie, luy mesmes fut cõtrainct d'aller contre les Liegeoys. Le penultime d'Octobre la ville du Liege fut batue, destruycte bruslee & ruynee. Iehan d'Aniou, Duc de Lorraine, se delibere d'aller faire la guerre en Espaigne: mais peu apres son entreprinse luy cõuint mourir d'vne fieure en la ville de Barcelõne. Le Roy à son retour contrainct son frere de prẽdre la Duché de Guyenne pour sa portion d'heritage.	
1469	9		5430
		Iehan Balue, Euesque d'Angiers, Cardinal, fut prins & constitué prisonnier. Le Roy institue & cree les Cheualiers de l'ordre de sainct Michel.	
1470	10	La natiuité de Charles, Daulphin, le quatorzieme de Iuillet. Richard, Comte de Vvaruich, pour la sedition qui suruint en Angleterre s'en vint à refuge vers le Roy de France. Le Roy retiroit à soy	5431

Ans de le Jesus Christ	Ans du regne.		Ans du monde
		& recouuroit petit à petit les villes qu'il auoit esté contrainct quitter & delaisser au Duc de Bourgongne. Il feit assembler les trois Estatz à Tours, tous lesquelz tenoyent entieremēt son party: Affin d'auoir plus grand couuerture de faire la guerre, le Roy apres auoir entēdu & ouy quelques plainctifz & appellations d'aucuns Gētilzhommes, enuoya vers le Duc de Bourgongne, vn huyssier de la court de Parlement, pour l'adiourner à certain iour en icelle, dont il fut moult despité. Ceulx d'Amyens se rendirent au Roy. Le Connestable se mist dedās S. Quētin.	
1471	11	Le Roy tenant les lieux & places en sa puissance, differe & alonge l'affaire au Duc de Bourgongne tant qu'il peult.	5432
		Le Duc mourut qu'il ne liurroit la bataille. Ce pendant le Roy proposa quelques cōditions de paix. / Le Cōte de Vvaruich, auec le grād secours que luy bailla le Roy de Frāce, deliura de prison Hēry, Roy d'Angleterre. Edouard s'enfuyt vers le Duc de Bourgōgne,	
1472	12	La xii iour de May mourut Charles, Duc de Guyēne. La mort duql augmenta le courroux du Duc de Bourgōgne, & diminua ses entreprinses. / son beau frere, lequel secrettemēt luy donna secours, puis se partit d'auec luy, & en diligence retourna, & vainquit ses ennemys, & les descōfit. Henry, vn peu apres que le prince Edouard fut mis à mort, fut occis luy mesmes.	5433

Chronique des Roys

Ans de Iesus Christ	Ans du regne.		Ans du monde.
		Le Roy incontinent entre en possession, & se saisist des fortes places, & retient les seruiteurs domestiques de son frere en leur estat.	
1473	13		5434
1474	14	Le Roy fait beaucoup de fascherie, & engendre plusieurs ennemys à Charles Duc de Bourgongne, qui estoit audacieux & hardy à toutes entreprinses. Le Duc de Bourgongne tient vn an entier le siege deuant Nux.	5435
1475	15	L'Empereur, sortant des Allemaignes, auec grand' exercite, ne sceut onc pourtāt luy faire leuer le siege, sinon soubz certaine cōdition. Ce pēdant le Duc de Lorraine l'assault. Le Roy, apres le temps des trefues finy, lequel il auoit voulu prolōger, brusle quelques villes en Picardie. Le Roy d'Angleterre passa à Calays, au deuant duquel vint le Duc de Bourgongne, petitement acompaigné, & le receut à Boulongne, peu magnifiquement, & bien autremēt qu'il ne s'attendoit. Ce qui fut cause, que de ce estāt merueilleusemēt marry, Charles fut plus enclin à faire accord auec le Roy, pource qu'aussi estoit il ennoyé. L'assemblée & parlement des deux Roys à Piquiny le dernier iour d'Aoust. Trefues furent accordees pour neuf ans, pour eulx & pour leur alliez, & pour tout ceulx qui le vouldroyent estre. Le Roy d'Angleterre, apres auoir receu argēt du Roy, accorde sa fille au Daulphin, & par le mesmes moyen luy met	5436

Ans de Ie-sus Christ	Ans du regne.		Ans du monde.

entre ses mains lettres missiues, par lesquelles il pouoit clerement veoir la côiuration qu'auoit faicte contre luy le Connestable. Le Duc de Bourgongne, ayant separeement obtenu tresues, va faire la guerre à ceulx de Lorraine.

Loys de Luxembourg, Comte de S. Paul Connestable de France, ayant en toutes manieres offencé ses trois si puissans Seigneurs, pour lequel faire mourir, tant de fois le conseil auoit esté assemblé, se voyant abandonné des siens, s'enfuyt à Môs en Henault.

Le Roy se saisit de S. Quentin. Le duc de Bourgôgne liure le Cônestable à Peronne, aux gês du Roy, qui l'estoient venu querir, lequel biê tost apres fut decapité par arrest de la court de Parlement, à Paris, le xix. iour de Decembre.

| 1476 | 16 | | 5437 |

La guerre commencée par le Duc de Bourgongne, contre les Suisses. Alphonse Roy de Portugal, viêt en France, pour demander secours au Roy, contre les Castilliens. Pour lequel obtenir il taschoit à faire la paix.

Charles, Duc de Bourgongne, fut par deux fois despouillé, destruict, & mis en fuytte le cinquieme de Iannier(le douzieme selon Emile.)

| 1477 | 17 | | 5438 |

Finablement, il fut occis à Nancy, par René, Duc de Lorraine, recouurant ses terres & possessions : & ce principalement par le moyen de l'argêt que le Roy luy auoit baillé pour luy ayder, p l'ayde

Ans de Ie- sus Christ	Ans du regne.		Ans du monde.
		aussi de l'armée des Allemans. Icy est la fin des richesses, delices & triumphes de la maison de Bourgongne. Le Roy ayant fantasie qu'à cause de ses affaires se porteroient à souhaict, marche diligemment en Picardie, affin de recouurer toutes les villes & places qu'il pourroit, de celles dont iouyssoit le deffunct Duc de Bourgongne. L'assiete des Postes, & le logis à trouuer cheuaulx pour courir fut premierement ordonnez en France par le Roy. Les Gantoys, côme Seigneurs, gardoiẽt entre eulx Marie, seulle fille du Duc deffunct. Philippe de Creuecœur se rend du party du Roy, qui fut vn grand support pour le royaume. Le Prince d'Orenge a peu de difficulté subingua & meit en l'obeissance du roy l'vne & l'autre bourgongne, peu de villes exceptees. Marie entre en Maraige auecq' Maximilian, Duc d'Austriche, et filz de l'Empereur, qui estoit venu en Flandres. Le vingt quatrieme iour d'Aoust, Iaques d'Armignac, Duc de Nemours, fut decapité à Paris.	
1478	18	Le Prince d'Orenge, voyant qu'on ne luy tenoit pas promesse, laissa le party du Roy, & troubla toutes les affaires de la Bourgongne, il fut reuoqué de son office de Lieutenant general pour le Roy audict pays de Bourgongne. Charles d'Amboyse, là enuoyé, prend & met tout en la	5438

de France. Feuil.xciii.

Ans de Iesus Christ.	Ans du regne.		Ans du monde.
1479	19	subiection du Roy. Icy commencerent les Suysses a auoir la soulde du Roy. La guerre a Therouëne contre l'exercite du Roy. Maximilian, cuydant estre victorieux, fut le plus interessé. Aussi le Roy ne demandoit qu'auoir paix & alliance auec luy, laquelle luy eust esté plus proffitable qu'au Roy mesmes.	5440
1480	20	Iehan Ballue, Cardinal mis hors des prisons.	5441
1481	21	La mort de René d'Aniou, vieil Roy, chacé de Naples. Le Roy se saisit de son heritage.	5442
1482	22	Marie, femme de Maximilian, mourut d'vne fieure qui luy print, pour estre tombee de dessus vn cheual. Elle delaisse Philippe & Marguerite, ses enfans. Aucuns disent que lors de sa cheute elle estoit grosse d'enfant. Le peuple de Gand ameine Maximilian iusques a ceste raison la, d'accorder auec le Roy & luy bailler les terres & les lieux que le Roy luy demandoit, moyennant le mariage de sa petite fille Marguerite auec le Daulphin.	5443
1483	23	Dauantage en eussent ilz volontiers faict s'ilz eussent peu, affin de diminuer & affoiblir les richesses & puissances de leur Prince. Ladicte Marguerite fut amenee en France, estant au.iij. an de son aage. Le Roy d'Angleterre fut deceu par ce moyen, & fort dolent, par ce qu'on luy auoit accordé que le daulphin espouseroit sa fille. Ce Roy cy fut d'vn esprit subtil, vif, grand, & lequel il	5444

| Ans de Ie-|Ans du | | Ans du |
|sus Christ.|regne.| | monde.|

ne pouuoit arrester: Auoit il eu vne chose soubdain il auoit affection d'vne autre Caché, vehement, & de toutes choses impatient. Sur toutes choses il auoit cela qu'il se dōnoit biē de garde de mettre au hazard vne chose de laquelle il eust peu venir à fin, ou par astuce, ou par simulation, ou par quelque autre industrie, vouloit tout sçauoir. Il estoit gracieux aux gens de basse condition, point superflu en habitz, tresbon ouurier de gaigner ceulx qu'il sçauoit bien qui luy pourroient nuyre ou ayder, n'espargnant rien pour cauteleusement paruenir au dessus de ses entreprinses. Au reste, il ne tenoit compte d'argent, il estoit maladif, & mesmement estant malade, print autre sceptre & couronne que ceulx dont il auoit acoustumé vser: Il conseilla à son filz le Dauphin qu'il ne changeast point ses anciens officiers, amys, familiers & seruiteurs, & que luy mesme s'en estoit bien fort mal trouué. Estant prochain de la mort deuint souspeçonneux, deffiant & timide, luy qui autresfois auoit faict toutes choses à luy possibles pour estre crainct: ce qui le feit beaucoup hayr. C'est luy qui le premier à contrainct les pauures Gentilz hommes de seruir, il se faisoit craindre au peuple, monstrant le chemin à ses successeurs Roys, pour paruenir à grandes richesses & puissances, iamais homme ne fut plus deuotieux: par tout baisoit, auec grande reuerence, les ossemens & reliques des Sainctz, il ostoit

de France. Fueillet. xciiii.

Ans de le sus Christ.	An du regne.		Ans du monde.

aux pauures pour donner aux eglises, il a plus foullé son peuple de tributz & de tailles que nul autre Roy de ses predecesseurs. Vray est qu'au commencement de sa maladie, il delibera de le soulager & de le descharger. Il auoit delibere faire vn edict sur l'abbreuiation des proces, & de totalement oster & abolir les tröperies, larcins, rapines, que commettent de iour en iour les gens de pratique & de iustice. Oultre auoit proposé de faire qu'en tout le royaume n'y auroit plus qu'vn droict & vne coustume, qui seroient redigees par escript en vn petit traicté, qui pour ce en seroit faict en langue vulgaire. Aussi qu'il n'y auroit plus qu'vn poix & vne mesure. S'il n'eust este preuenu de la mort (comme ont escript Philippe de Comminges & les autres historiens) il eust este cause de grandes vtilitez en France. Il ne fault oublier, que luy estant en son vieil aage inuenta vne nouuelle sorte d'abillemens: car luy se voyant orné d'vn habit riche & magnifique, estoit merueilleusement bien aysé d'ainsi se monstrer.

Il donnoit tous les moys à son Medecin, lequel luy auoit persuadé & faict à croire & entendre qu'il viuroit beaucoup plus longuement, & duquel (s'il nous fault ainsi parler) il estoit fort deceu & enchanté, dix mil escus d'or pour luy prolonger sa vie. Iamais on ne veit homme qui se recommendast plus fort à tant de gens, ne à tant de Sainctz.

Chronique des Roys

Ans de le-sus Christ.	Ans du regne.		Ans du monde.
		il mourut au Plessis, lés Tours le penultime iour d'Aoust, aagé de soixante ans & quelque peu d'auantage. Il voulut estre enterré à Clery, en l'eglise de nostre Dame.	
1484	1	**Charles huy&ieme.lv. Roy, quatorze ans.** Il fut faict assemblee des trois Estatz en la ville de Tours, au moys de Iuillet, ou il fut ordonné qu'en France n'y auroit aucun Regent. La garde & tutelle du ieune Roy fut baillee à sa sœur Anne, Dame de Beauieu, dequoy le duc d'Orleans ne fut point content & en sourdit quelque contétion. Iehan Duc de Bourbon, Connestable de France.	5445
1485	2	La guerre contre les Bretons. Ce Roy Charles estoit de petite côplexion & fresle nature. Son pere n'auoit point voulu qu'on luy aprint riē de latin. Depuis il aprint à lire en Frācoys. Il fut sacré & couronné Roy au moys de Iuin, ayant presque quatorze ans accomplis. Henry septieme, Comte de Richemód, apres l'expulsion de Richard, recouura le royaume d'Angleterre, par l'ayde des Francoys. Ceulx d'Orleans fermerent les portes à leur Duc, qui vouloit entrer en la ville, pour se deliberer de faire la guerre au Roy.	5446
1486	3	Le Duc d'Orleans se retire en Bretaigne.	5447
1487	4		5448

Ans de Iesus Christ	Ans du regne.		Ans du monde.
1488	5	Loys de la Trimoille, en son aage de vingtsix ans, fut faict Lieutenãt general pour le Roy. Le lundy vingthuytieme iour de Iuillet y eut bataille à Sainct Aubin, contre les Bretons. Le Duc d'Orleãs & le prince d'Orenge furent prins. Le vij. iour d'Octobre, Francoys, Duc de Bretaigne mourut. Iusques icy a escript son histoire. P. E.	5449
1489	6	La paix auec les Bretons. Le Roy apres auoir repudié Marguerite, fille de Maximilian, prent à femme Anne, heritiere de Bretaigne, laquelle il osta a Maximilian, qui l'auoit espousée par Procureur. La guerre de l'Archeduc, en Picardie, Philippe de Creuecoeur luy resiste.	5450
1490	7	Apres que le Roy d'Angleterre fut venu au secours du Duc de Bretaigne, il tira iusques à Boulongne. La paix fut faicte auec luy, & luy bailla lon certaine somme de deniers. Le l'endemain ceulx d'Arras furent prins en trahison par les gens d'armes de l'Archeduc, lesquelz pareillemẽt se sont efforcez d'opprimer ceulx d'Amyens. Finablement la paix & la soeur ont esté baillees à l'Archeduc, auec la Comté d'Artois.	5451
1491	8		5452
1492	9	Le Roy, trop cõscientieux, rend au Roy d'Espaigne, les Comtez de Rossilon & de Parpignan.	5453
1493	10	L'entreprinse & expedition pour con-	5449

Ans de Iesus Christ	Ans du regne.		Ans du monde.
		querir le royaume de Naples. Pierre, Duc de Bourbõ, demeure Regẽt en France. Les Princes & les Gentilzhommes faisoyent la guerre a leurs despen● Ludouic Sforce, Duc de Milan, auācoit fort ceste entreprinse de guerre. Le Roy entra dedans Rõme, le dernier iour de l'an.	
1494	11	Le Pape le declara Empereur de Constantinoble. Le Roy Alphonse & son filz Ferdinand, Duc de Calabre, fugitifx, se retirerent en Sicile. Le Roy Charles gaigna le royaume, & entra dedans Naples, auec grand pompe & triumphe, il s'en reuint a Rõmme delaissant pour Roy en ce pays la, Gilbert de Montpensier.
L'institution du College des filles repẽties, a Paris. Tous les Princes d'Italie, & les villes, s'assemblerent pour enclorre le Roy a son retour, en bouchant les passages. Le vi de Iuillet, il eut vne noble bataille & victoire, a Fornoue, en vn lieu appellé Virguerra. Le Roy auoit peu de gens de guerre aueques luy.
Le nom des Chefz de l'Armee du Roy: le Mareschal de Gye: Iehan Iaques Triuolce, Italien: Loys de Luxembourg, Seigneur de Ligny. Loys de la Trimoille: Loys, Duc d'Orleans, estoit fort opprimé a Nauarre, par Ludouic Sforce. Le Roy s'en retourne en France, victorieux.
Brissonnet, Euesque de sainct Malo, Cardinal, Chancelier de France.	5455
1495	12	Naples se reuolte, & se rend a Ferdinand, filz d'Alphonse. Les Francoys,	5456

de France. Fueil. xcvi.

Ans de Jesus Christ	Ans du regne.		Ans du monde.
		apres la mort de Gilbert de Montpesier, s'en retournerent en leur pays.	
1496	13		5457
1497	14	Le septieme iour d'Auril, le Roy mourut de mort subite, à Amboise, ne delaissant aucuns heritiers: il fut enterré à sainct Denis. Loys, Duc d'Orleans, & de Valloys, fut sacré a Reims le vingtseptieme iour de May.	5458
1498	1	**Loys, douzieme, cinquante & sixiesme Roy dixsept ans.** Il proposa reformer l'estat de l'Vniuersité de Paris, & les priuileges des Escoliers, & de corriger & oster les abus qui regnent en la iustice, & aux iugemens, l'Vniuersité troublee, seit esmeute.	5459
1499	2	Le Roy prend a femme Anne, Duchesse de Bretaigne, veufue du Roy deffunct, & repudie Iehanne, fille de Loys vnzieme, a laquelle par auant il bailla la Duché de Berry, ou elle passa le demourant de sa vie. Le premier iour du moys d'Octobre, le Roy establit vn Parlement a Rouen, au lieu de l'Eschiquier: & ce par le conseil de Georges d'Amboyse, Archeuesque dudict lieu. La prinse de Milan. Le Roy Loys rendit la ville de Cremonne aux Venitiens, desquelz il auoit esté solicité de passer oultre en Italie. Il baille	5460

Chronique des Roys

Ans de le sus Christ	Ans du regne		Ans du monde.
1461		pour Capitaine aux Geneuoys, Philippe de Rauaſtin, & s'en voulût retourner en France, laiſſa à Milan Iehan Iaques, ſon Lieutenant general & Gouuerneur de ladicte Duché. Le treziéme iour d'Octobre fut la natiuité de la Royne Claude. Le vingtcinquième iour d'Octobre, le Pont de noſtre Dame, à Paris, tomba en la riuiere de Seine. Robert Gaguin a eſcript iuſques icy.	
1500	3	Le Iubilé. Milan recouuert par Ludouic Sforce, auec l'ayde des Allemans, vers leſquelz luy eſtant caché, s'eſtoit retiré, mais puis apres fut prins l'vnziéme iour d'auril, & amené en France, ou il mourut quelque ans apres. Le Cardinal Aſcaigne, feit tant qu'il feit euader en Allemaigne ſes nepueuz, enfans de ſon frere Ludouic Sforce, mais luy meſmes fut prins d'vn Capitaine Veniſien, & mis es mains des Francoys.	5461
1501	4	Philippe, Archeduc d'auſtriche, paſſant le Royaume de France, pour aller en Eſpaigne, fut receu à Paris fort honorablement le xxv. de Nouembre.	5462
1502	5	Le Seigneur d'Aubigny, Lieutenāt general du Roy, recouura à Naples de Federic, lequel ſe vouloit porter Roy dudict royaume de Naples, apres le deces de ſon nepueu Ferdinand, Federic & ſa femme furent prins, & amenez priſonniers en France, ou le Roy les traicta humainement. Par la ſuaſion du pape, le Roy enuoye Philippe de Rauaſtin contre les	5463

de France. Fueillet.xcvii.

An de Ie fus Chrst	Ans du regne.		Ans du monde.
		Turcs: mais par la faulte des Venitiens les frācoys furent vaincuz à Magdalain, lesquelz aprez grādes calamitez & pertes s'en retournerent en France. Georges d'Amboyse, Cardinal, Legat en France.	
1503	6	L'Archeduc, reuenāt des Espaignes, se transporte à Lyon, ou la paix fut faicte & proclamee entre les francoys, les Espaignolz, le Roy des Rommains, l'Archeduc, leurs alliez & confederez.	5464
1504	7		5465
1505	8	Famine & peste.	5466
1506	9	Le Roy fait rēdre Boulongne la Grasse au pape Iules, aprez en auoir chaché Iehan de Bentiuole.	5467
1507	10	Les Geneuoys se reuoltent, soubz la conduicte de quelque taincturier, nōmé Paule de Nouis, & chacerēt les francoys de Genes: mais tout soubdain elle fut recouuerte par les francoys. Paule fut prins sus la mer, en s'enfuyant, lequel fut decapité à Genes.	5468
1508	11		5469
1509	12	Le.xviij.iour de May, à Caruas, fut la bataille contre les Venitiēs, au lieu d'Aignadel. Les Venitiens furent desconfitz, & leur Capitaine Berthelemy d'Aluiane prins prisonnier. Bresse, Bergame, Creme, Cremōne, & les autres places de la Duché de Milan se rēdirent au Roy: duquel le pape, l'Empereur, & le Roy d'Espaigne furent secouruz, à la re-	5470

n

Ans de Iesus Christ	Ans du regne.		Ans du monde.
		couurance des villes que leur occupoient les Venitiens. La Seigneurie de Venise, auec la republique, furẽt presque abolies. On ne sceut tant faire enuers le Roy, quelques grãdes affaires ou necessitez de guerre qu'il eust: & si en eut grãdes & diuerses en Italie, qu'il feit vne seule & simple creue de tailles sus son peuple: à l'extremité toutesfois, il fut contrainct d'augmenter ses tailles de quelque peu, estant en son pays assailly par ses voysins	
1510	13	Le pape Iules se rend du party des Venitiẽs, en solicitant les Espaignolz, Allemans, & Suisses, cõtre le Roy. Icy suruint vne maladie, qu'on nõma la Coqueluche. Le Roy de France & le Roy des Rõmains se mettent en deuoir pour auoir vn Concile, ce qu'ilz ne peurent obtenir.	5471
1511	14	Premieremẽt l'Eglise Gallicane s'assembla à Tours, puis aprez on esleut le lieu du Cõcile, Lyon Pise, & Milan, Gaston	5472
1512	15	de Foix, Duc de Nemours, Lieutenãt general pour le Roy, debella & meit la ville de Boulongne soubz la puissance du Roy, contre le Pape. Les Suisses marchent, & s'en vont vers Milan. La ville de Bresse, qui s'estoit rendue du party des Venitiens, fut incontinent recouuerte par le Duc de Nemours, & mise a feu & à sang. Le sainct iour de Pasques, le Roy eut vne forte bataille a Rauenne, contre les exercites du Pape, des Venitiens, & des Espaignolz. Les Francoys furent victorieux. Le Duc de Nemours	5473

Ans de Ie-sus Christ	Ans du regne.		Ans du monde.
		en vne course qu'il feit contre les enne-mys, auec petite compaignie, fut surprins & mis a mort. Les chefz de l'vne & de l'autre armee, gens d'eslite, furent ou prins ou occis. Rauenne fut destruicte. Le corps du victorieux Duc de Nemours fut porte inhumer a Milan.	
1513	16	Iules, Pape, enflamme le Roy des Rom-mains, le Roy d'Angleterre, & les Suysses contre les Francoys: mais en ces entrefaictes il mourut. Ferdinand, Roy d'Espaigne, apres auoir expulsé du Roy-aume de Nauarre Iehan d'Albret, as-sault ledict royaume de Nauarre, & l'oc-cupe par force, n'y ayant aucun autre meilleur droict, sinon qu'il luy estoit fort commode & vtile. Henry, huictieme, sor-tant de Calays a force d'armes entra en la Picardie, estant bien asseure d'auoir se-cours du Roy des Rommains & des Flamens: mais il fut contrainct de se reti-rer en sa maison, par le Roy d'Escosse, per-petuel amy & compaignon des Fran-coys	5474

Les Escossoys eurẽt la victoi-re, mais leur roy y demoura. Ce pendãt nous fai-siõs guerre aux Anglois sus la mer, au bort de Bretaigne.	La paix entre le Roy & les Venitiẽs, publiee le troisieme iour du moys de Iuin, par le moyen de laquelle fu-rent deliurez & ren-uoyez Barthelemy de Aluyane, & An-dré Grittus.

Chronique des Roys

Ans de Ie-sus Christ	Ans du regne.		Ans du monde.
		Les Francoys quittent Milan & l'Italie aux Suisses & aux Espaignolz, qui pour lors estoyent les plus puissans en ce pays la. Les Suisses vont assieger Dijon, en Bourgongne. Loys, Seigneur de la Trimoille Gouuerneur du pays de Bourgongne leur promet argent, pour la seureté duquel il baille le Seigneur de Mezieres pour ostage, par ce moyen ilz leuent le siege. Le Roy d'Angleterre assiege Therouenne. La course & iournee de la bataille, vulgairemẽt appellee la tournee des Esperons. Le Duc de Longueuille, Bayard, & Bussy, furent menez prisonniers en Angleterre. Ceux de Therouenne & de Tournay se rendent au Roy d'Angleterre, soubz certaines conditions	
1514	17	La Royne Anne va de vie a trespas le.ix.iour de Ianuier, delaissant deux filles, Claude & Renee. Le dixhuytieme iour de May, Francoys de Valoys, Duc d'Angoulesme, espouse a S. Germain en Laye, Claude, la plus aagée fille du Roy. Par le moyen du Duc de Longueuille, qui estoit captif en Angleterre, fut faicte la paix entre les Roys, soubz ceste condition, que le Roy de France espouseroit Marie, la soeur du Roy d'Angleterre. Les nopces en furent faictes a Abeuille, le neufiesme iour d'Octobre. Le Roy Loys trespasse le premier iour de Ianuier, & fut porté a sainct Denis & la enterré auec la Royne.	5475

de France. Fueil.xclx.

Ans de Iesus Christ	Ans du regne.		Ans du monde.
1515	1	**Francoys de Valloys, premier de ce nõ. 57. Roy, 32. ans. 3. moys. 6. iours.** Il fut sacre Roy a Remis le vingt & cinqieme iour de Ianuier.	5476
1516	2	Le Duc de Bourbon est faict Connestable de Fance. Le Roy se prepare pour aller conquester la Duché de Milan. Prospere Coulonne, Rommain, enuoye par le pape Leon, pour secourir les Milannoys, fut prins a Ville franche, par les Francoys, desquelz estoit conducteur le Seigneur d'Imbercourt, ou furent entieremẽt ou tuez ou prins mil cinq cens hõ mes de cheual, que ledict Prospere auoit auec luy. Vn peu apres le Roy d'vne for ce incredible print la ville de Milan auec le chasteau, qui fut cõtrainct de se rendre apres auoir auparauãt deffaict vne grãd	5477

Cronique des Roys

Ans de Iesus Christ	Ans du regne.		Ans du monde.
		& puissante armee de Suisses. Apres la prinse de Milan, le Roy enuoya en France prisonnier le Duc Maximilian Sforce. Accord faict auec les Suisses, moyennāt certaine pension d'argent qui leur est liuree par chascun an. Le Roy pareillement feit paix, & se reconcilia auecques le pape Leon ij. Ilz traicterent de l'abolition de la Pragmatique sanction. La paix entre les Francoys & Espaignolz.	
1517	3	Le mariage fut faict de Loyse, fille du Roy, auec Charles, Archeduc d'Arragon, lequel fut depuis rompu. La Pragmatique sanction abolie, ce qui ne fut faict sans grand tumulte, emotion & murmure de tout le Clergé de France. Le pardon de planiere remission, donné & publié par toute la Chrestiēté, pour ceulx qui departiroient de leurs biens, pour aller contre les Turs. Ledict Pardon fut nommé la Croisade, à l'occasion de ce que l'argent des simples gens fust attiré, & commist on beaucoup de beaux & insignes larcins, contre lesquelz Luther (prince des heretiques) commencea premierement à crier. La naissance du filz du Roy Daulphin de France, lequel fut baptizé à Amboyse, au moys de Feurier, & fut nommé Francoys.	5478
1518	4	La natiuité de Hēry, second filz du Roy à S. Germain en Laye, où il fut baptizé.	5479
1519	5	L'empereur Maximilian decede. Charles, Roy des Espaignes, fut esleu Empereur à Francfort.	5480

Ans de Iesus Christ	Ans du regne.		Ans du monde.
1520	6	Les Roys de France & d'Angleterre s'assemblent, & parlementent ensemble à Ardres, auec grand'magnificence & pompe. Incontinent apres font le semblable Charles, Roy des Espaignes, & Henry d'angleterre.	5481
1521	7	Belgrade, cite de Hongrie, qui estoit la deffence des Chrestiens, est prinse des Turcs. La guerre d'entre Charles esleu Empereur, & les Francoys. Les gens de l'Empereur s'entēdent & font conspiration auec Loys Sforce, & auec le Pape, au moyen de quoy ilz destruysirēt tous ce qui apartenoit aux Francoys, en Italie & gaignerent Milan. L'Empereur pour neant assiege Mezieres en Champaigne car elle est biē deffendue par Anne, Seigneur de Montmorēcy & le Capitaine Bayart. Le Roy poursuyt l'Empereur & le chace iusques en Flādres. Les Frācoys, desquelz estoit chef le Duc de Bourbon, prennent Hedin, pres Therouëne: le chasteau toutes fois se laissa batre d'Artillerie & canons, finablement se rendit.	5482
1522	8	Le pape Leon va de vie à trespas. Adrian fut crée Pape en son lieu. Les Frācoys prēnēt Fōtarabie frōtiere d'Espaigne	5873
1523	9	Les Anglois, ioincts auec les imperialistes, ayant faict amas de trente mil hommes, apres qu'ilz curēt leué le siege qu'ilz auoyent mis deuāt le chasteau de Hedin par ce qu'ilz n'y auoyent sceu que faire, pillent, destruyssent & gastent grād partie des limites & frontieres de Picardie.	5484

Chroniques des Roys.

Ans de le sus Christ	Ans du regne.		Ans du monde.
		Le Duc de Bourbon laisse le party du Roy, auec quelques Seigneurs & Gentilz hommes de France. Les blez gelez en terre enuiron la sainct Martin, dont s'en ensuyuit famine. Troyes en Champaigne fut bruslee. La noble & fameuse isle de Rhodes fut rendue par composition a Soliman, Empereur des Turcs, apres qu'il eut longuement tins le siege deuant icelle.	
1524	10	Le trespas de la Royne Claude fille du Roy Loys douzieme. Le Duc de Bourbon auecq' son armee d'Espaignolz, Allemans & Italiens, assiege en vain Marseille: En poursuyuant lequel le Roy gaigna par armes quasi toute la Lombardie, mais ayant mis le siege deuãt Pauie, au moys de Feurier, par vn fatal accident, & malheur de guerre, fut pris par ceulx du party de l'Empereur se combatant vaillamment	5485
1525	11	Le Roy, apres la paix faicte auec Charles, Roy des Espaignes, par le traicté de appoinctement faict à Madric, soubz cõditions desraisonnables, s'en retourne en France: laissant pour hostaige en Espaigne ses deux premiers filz.	5486
1526	12		5487
1527	13	Romme est prise par le Duc de Bourbon, & par les gens de l'Empereur: ladicte ville fut miserablement affligee, & pillee. Le Duc de Bourbon, en mõtãt des premiers sur les murailles fut occis. Le pape Clement fut prins prisonnier,	5488

de France. Fueil. ci.

Ans de Iesus Christ	Ans du regne.		Ans du monde.
		lequel fut mis a rançon. Le Roy d'Angleterre repudie sa femme, qui estoit tante de l'Empereur.	
1528	14	Les Roys de France & d'Angleterre denõcent la guerre a l'Empereur, par leurs Heraux. Le Duc de Ferrare espouse madame Renee, sœur de la Royne, & fille du Roy Loys xij. en la ville de Paris. En ce mesme temps le Herault de l'Empereur fut receu en la grand'salle du Palays, a Paris: & pour ce faire le Roy feit dresser audict lieu vn Theastre pour luy & pour ceulx de son sang, ledict Herault n'eut point d'audience, par ce qu'il n'auoit aucunes lettres de l'Empereur.	5489
1529	15	La paix fut faicte & conclue a Cambray par le moyẽ des Princesses & Dames de la court, entre le Pape, le Roy de France, & l'Empereur, les Roys d'Angleterre & de Hongrie.	5490
1030	16	En ce temps la Royne Alienor espouse du Roy Francoys, venant d'Espaigne, est receue en France, auec Messieurs les Enfans: elle fut couronnee a S. Denis, & feit son entree a Paris le moys de Mars, en grand'triumphe & magnificence. Le Roy ayma toutes bonnes lettres & sciences, institue a Paris leçons publiques, gens doctes en langue Hebraique, Grecque, & en Methematique, ausquelz il donne gaiges honnestes & suffisans: au moyen de quoy il rẽdit l'Vniuersité de Paris tresflorisante & opulente es lettres.	5481

Chronique des Roys

Ans de Iesus Christ	Ans du regne.		Ans du monde.
1531	17	Les Chevaliers de l'ordre de S. Iehan de Hierusalē prennent Modon, en Grece, sus les Turcs, & le ruynent. Madame Loyse, mere du Roy, decede.	5492
1532	18	Les Roys de France & d'Angleterre s'assemblent de rechef. Premierement a Boulongne, puis apres a Calais, ou ilz renouuellent leurs vieilles alliāces: & se visitent l'vn l'autre en tout genre de magnificence.	5493
1533	19	Le Pape & le Roy s'assemblēt a Marceille, ou ilz traictent ensemble de la maniere d'abolir les heresies. La niepce du pape est donnée en mariage a Henry de Valoys, second filz du Roy. L'institution des Legionnaires, a l'exemple des Rommains, lesquelz furēt par le Roy assis en sept diuerses prouinces du Royaume de France. Le Roy luy mesmes feit vn traicte tres disertement escript, de la discipline militaire d'iceulx.	5494
1534	20	La mort du pape Clement, septieme, au lieu duquel fut substitue Paul, troisieme. En ce temps furent trouuez tant a la court du Roy qu'a Paris, & plusieurs autres villes de France grand nombre de billetz, placards, & libelles diffamatoires, tous attachez en vne mesme nuyct: par vne tresdānable coniuratiō des Sacremētaires, cōtre le tres sainct & sacré sa-	5495

de France. Fueillet.cii.

Ans de le sus Christ	Ans du regne.		Ans du monde.
		crement de l'Eucharistie, & contre la Messe: Pour lequel malheureux acte purger, le Roy feit faire, à Paris, processions generales, ou il assista en grand' deuotion & reuerence.	
1535	21	Le Roy feit reueue en diuers lieux de ses Legionnaires, & les orne: Il dehelle & se saisist presque de toutes les villes & chasteaux de Sauoye : & prend Thurin. Francoys Daulphin, premier filz du Roy, fut empoisonné, et mourut a Tournon. L'empereur ameine vn tresgros exercite en la prouince de Narbonne: le Roy venant audeuãt de l'Empereur assit son Camp en vn lieu si commode qu'il reduyt son ennemy hors de toute esperance de pouoir recouurer viures, & de pouoir passer oultre : le meit en telle necessité qu'il le contraingnit s'en aller en Italie.	5496
1536	22	Les Hannuyers pour neant assiegent Peronne, deuant laquelle ilz leuerent le siege le propre iour que l'Empereur deslogea pour s'en retourner en Italie. Iaques Roy d'Escosse, pour entretenir l'ancienne amytié, & confederation, que de long temps auoit duré entre les Francoys & Escossoys, & aussi qu'il auoit grand desir de veoir le Roy, & d'estre conioinct auecques luy par affinité, vint en France: auquel fut baillé en mariage madame Magdaleine, fille du Roy.	5497

Chronique des Roys

Ans de le sus Christ	Ans du regne.		Ans du monde
		Le Roy prend Hedin, qui est vn chasteau pres Therouenne merueilleusemēt fort & bien muny. Le Roy enuoye vne tresgrosse armée de Francoys en Piedmont, soubz la cōduycte de Henry, Daulphin de France, lesquelz apres auoir debellé & prins Suze, Mōtcaillier, & plusieurs autres villes & chasteaux, chacerent l'armée de l'Empereur iusques pardela la riuiere du Pau. Induces de guerre sont accordées auec ceulx de l'Empereur pour trois ans.	
1537	23	Anne Seigneur de Monmorency, est faict Connestable de France. L'assemblée du Pape, de l'Empereur, et du Roy, à Nice, en Prouence, auquel lieu pour ce qu'ilz ne peurent demourer d'acord ensemble, apres plusieurs grandes disputations, ilz accorderent & feirent trefues pour dix ans.	5498
1538	24		5499
1539	25	L'Empereur soubz la foy du Roy passa par le royaume de France, en allant de Espaigne en Flandres, en habit plus que mediocre, audeuāt duquel allerēt le Roy, ses enfans, & toute la Noblesse de France iusques a l'entrée des mons Pyrenees puis apres fut receu & recueilly par toutes les villes du royaume de France, auec appareil, pompe, gloire, triumphe & magnificence non croyable : & par tout luy fut offert tresgrands dons & presens auec grande ioye & liesse de tous Estatz. Ledict Empereur par tout ou il passoit	5500

de France. Fueil.ciii.

Ans de Ie-suChrist.	Ans du regne.		Ans du monde.
		vsoit de puissance souueraine, & plus que royalle, tout autant qu'il en vouloit vser, & fut conduict iusques a Valencienne, auec tresgrosse & noble compaignie.	
1540	26	Les Gantoys ruinez par l'Empereur.	5501
1541	27	Cesar frigosse, & Antoine Rincon, Ambassadeurs pour le Roy, en allant à Venise furent cruellemēt tuez & meurtriz, sus la riuiere du Pau, par les gens de l'Empereur, contre le droict commun à toutes gens.	5502
1542	28	Charles, Duc d'Orleans, filz du Roy, bat & gaigne Yuoy, de la s'en va prendre Villeton, Ardelon, Luxembourg, & toutes les villes, places, & chasteaux de ladicte duché, & y met garnison. Le Duc de Vēdosme, Lieutenant pour le Roy, en Picardie, prend d'assault Tournehan, vn fort chasteau, & moult bien renommé, & le fait razer & abatre: il combat les Bourguignons, & les met en fuyte. Le roy fait mettre le siege deuant la ville de Parpignan, es frontieres de france & d'Espaigne. Le Roy irrité contre ceulx de la Rochelle, & contre les habitans des Isles marines, lesquelz auoient fait nouuelles esmeutes, a raison des salines & gabelles, va en armes contre eulx: ausquelz il pardonna le tout moult humainement. Le trespassement du Roy d'Escosse.	5503
1543	29	Les Anglois, alliez auecques l'Empereur, augmentent de dix mil hommes la	5504

Ans de Iesus Christ	Ans du regne		Ans du monde.
		compaignie de ceulx qui auoient mis le siege deuant Landry pour l'Empereur: lequel le Roy auoit prins & fortifié auparauant, & l'Empereur mesmes, aprez qu'il eut despesché ses affaires au pays de Gueldres, y mena toute sa puissance. Le Roy venant (à l'entree de l'yuer) au secours de toutes ses compaignies de gens de guerre, qui estoient assiegez, aprez auoir chacé & faict remuer de lieu en autre vne partie de l'armee de l'Empereur, qui s'estoit campeé deca vn petit fleuue, & auoir deuant les yeulx dudict Empereur, auitaillé la ville, & rafreschy les gens de dedans, tant qu'il voulut, s'en reuient en France, sain & sauue, a peu de perte de ses gens. La natiuité du premier filz du Daulphin, à Fontainebleau, nommé Francoys. Barberousse, auec grand' compaignie de Turcs, vient deuãt Nice en Prouence. Les gens de l'Empereur, soubz la conduicte du Comte Furstẽberg, prindrent quelques villes en Barroys: & mettent le siege deuant Luxembourg: mais soudainement furent repoulsez & mis en fuyte, & contrainct de leuer leur siege.	
1544	30	Francoys, Seigneur d'Enghien, frere du Duc de Vẽdosmois, ieune homme de sang & de nature totalemẽt royal, Lieutenãt pour le Roy en Piedmond, assiege Carignan, ou il besongna si bien qu'il escarta	5505

Ans de Ie sus Christ.	Ans du regne.		Ans du monde.
		& desconfit d'vne grande puissance & memorable vertu, vingt mil des ennemys tenant pour l'Empereur, desquelz estoit chef & Capitaine vn nommé Alphonse d'Aualon, Marquis d'Elgloist: il obtint vne tresnoble victoire a Cerizoles, & print la ville de Carignan. L'Empereur vient en Champaigne, gastant le pays: estant es enuirons de Chaalons fut contrainct auoir paix & accord auec le Roy puis s'en retourna par Soissons, en Flandres. L'Anglois aprez auoir long temps assiegé Boulongne & Monstreul sur la mer, ceulx de Boulongne se rendirēt a luy, par la pusillanimité d'aucuns Capitaines estans en icelle. L'Anglois sachant l'armee du Roy approcher de luy, se retira auec son camp en Angleterre.	
1545	31	L'armee du Roy sur la mer, equipee de bien trois cens nauires, & plus, est maistresse sur ladicte mer: laquelle aprez auoir prins siege en la region Britānique, contraingnit les Anglois d'eulx retirer en leurs hanres. Le Roy pareillement s'en va deuant la ville de Boulongne, auecques vne autre grosse armee: lequel voiant qu'il n'y auoit aucune esperance de la pouuoir recouurer, pour reprimer les courses & saillies desdictz Anglois, feit faire & construire vn trespuissant fort sus le bort de la mer, ou il meit tresgrosse & puissante garnison.	5506

Chronique des Roys

Ans de Iesus Christ	Ans du regne		Ans du monde.
		Le Duc d'Orleans meurt d'vne fieure pestilencieuse en l'Abbaye de Forestmôstier, prez Rue.	
1546	32	La naissance d'Ysabel, fille de Henry, Daulphin de France.	5507
		Tresgrand' cherté de blez en France, & quasi famine.	
		Le Roy d'Angleterre va de vie à trespas, & delaisse heritier Edouard, son filz, aagé de huict ans.	
		Francoys, Roy de France, peu de têps aprez fut griefuement tourmenté d'vne fieure continue, au chasteau de Rébouillet: de laquelle il mourut dixhuict iours aprez, confession par luy faicte de ses pechez, & auoir receu, en grand' reuerence, les sacremens de l'Eucharistie, & extreme vnction: & quasi aprez auoir sainctement admonnesté son filz, de son gouuernement touchant la charge & administration de son royaume, en mettant toute sa fiance au precieux sang de Iesus Christ, qu'il a espandu pour noz pechez deceda audict lieu le dernier iour de Mars, mil cinq cens quarante & six.	

Ans de Iesus Christ.	Ans du regne.		Ans du monde.
1547	1	### Henry.ij. de Valloys filz du deffunct Roy Françoys, cinquante & huyctieme Roy.

Il fut sacré & couronné a Reims le vingtsixieme iour de Iuillet.

Le Roy va visiter son pays de Picardie, & fait son entree en plusieurs villes, ou il fut bien receu des habitans. | 5508 |
| 1548 | 2 | La moytié du Pont S. Michel, à Paris, tombe en l'eau du costé de l'hostel Dieu, le dixieme iour de Decembre: & ce au moyen des grandes eaux qui furẽt ladicte annee.

La Comté d'Aumalle erigee en Duché, & Pairie de France.

Audict an plusieurs Gentilz hommes, tant Frãcoys, Italiens, qu'autres nations, s'embarquerent en Bretaigne & Normandie, pour aller au secours d'es Escossoys, contre les Anglois, où ilz feirent plusieurs dommages ausdictz Anglois, leurs anciens ennemys.

Debat entre les Escoliers de l'Vniversité de Paris, & les Religieux de sainct Germain des Prez, pour raison du Pré au Clers.

Le Roy visite son pays de Bourgongne & Sauoye, & faict son entree à Thurin.

L'entree du Roy & de la Royne à Lion le.xxiij. iour de Septembre, ou ilz | 5519 |

Ans de Ie-sus Christ.	Ans du regne.		Ans du monde.
		furent receuz en triumphe & magnificence. Le Roy celebra audict lieu le Chapitre des Chevaliers de l'ordre S. Michel, qui de long temps n'avoit esté celebré en France. Commotion de la commune du pays & Duché de Guyenne, pour raison de la Gabelle du sel: dont furent les aucuns griefuement punis. Le Duc de Vendosmois espousa madame Iehanne d'Albret, fille du Roy de Nauarre, en la ville de Moulins. La natiuité du Duc d'Orleans, à sainct Germain en Laye, le troisieme iour de Feurier, audict an & fut baptizé audict lieu le dixneufieme iour de May, l'an ensuyuant & fut nommé Loys.	
1549.	3	La Royne de France est couronnee à sainct Denis en France, le lundy de la Pentecoste, ou assisterent grand nombre de Princes, Princesses, Duchesses & Contesses, vestues de leurs manteaux de velours violet, auec leurs couronnes triumphales, pour faire honneur à ladicte Dame. Le Roy fait son entree à Paris, le seizieme iour de Iuin, ou il fut magnifiquement receu par les Estatz: Il entra en armes, moult bien accompaigné des princes de son sang, & autres Seigneurs en grand nombre, qui fut chose excellente a veoir. Le Mardy ensuyuant la Royne feit	5510

Ans de Ie-sus Christ	Ans du regne.		Ans du monde.

son entrée en ladicte ville de Paris, fort bien accōpaignée de Princes, Princesses, Cardinaulx, & Gentilz hommes de la maison du Roy, ou luy fut faict grād hōneur par les habitans d'icelle, en grand' ioye & liesse.

Le Roy meu de deuotion, ayant le tiltre de Treschresthē Roy, feit à Paris vne procession solennelle, en laquelle furent portées les sainctes reliques, estans en la saincte Chapelle du Palais: la chasse madame saincte Geneuiefme, & plusieurs autres beaux reliquaires, ou ledict Seigneur assista, la Royne, les Princes, Princesses, Cardinaulx, Prelatz, & gentilz hommes, & tous les Estatz de ladicte ville: affin de prier Dieu qu'il luy pleust extirper les heresies: & ledict iour audict lieu furēt bruslez plusieurs meschās Sacramentaires, mal sentans de la foy,

Fin de la presente hystoire
de Frāce, colligée de tous
les Aucteurs, tant La-
tins que Fran-
çoys, les-
quelz en
ont
escrit

1551.

o ii

Catalogue des Papes.

Ans de Iesus Christ		Ordre des Papes.

S'enſuyt le Catalogue & Chroniqre des ſainctz peres Papes, depuis ſainct Pierre iuſques au pape Paul, troiſieme du nom:
Et premierement.

Ans		Ordre
44	Sainct Pierre, apoſtre, natif de Betſaida, en Galilee, vint a Romme l'an ij. de l'Empire Claude ou il tint ſon ſiege .xxv. ans, au temps dudict Claude & de Neron.	1
70	S. Lin, Tuſque, tint le ſiege vnze ans ou enuiron.	2
81	S. Clete, Rommain tint le ſiege douze ans & vn moys.	3
93	S. Clement, premier, Rommain, tint le ſiege neuf ans & deux moys.	4
102	S. Anaclite, Grec, ſelon aucuns, a tins le ſiege quatre ans: mais n'y a rien de certain, pour la confuſion des hiſtoires de ſon ſiege.	5

Catalogue des Papes.

Ans de Iesus Christ		ordre des Papes.
107	S. Enauste, Grec, tint le siege neuf ans dix moys, selon aucuns quatre ans	6
112	S. Alexandre, premier, Rommain, tint le siege dix ans sept moys ou enuiron.	7
121	S. Sixte premier, Rommain, tint le siege dix ans trois moys ou enuiron.	8
131	S. Thelesphore, Grec, tint le siege vnze ans trois moys ou enuiron.	9
142	S. Higene, Grec, natif d'Athenes, tint le siege quatre ans trois moys.	10
145	S. Pie, Italien, tint le siege vnze ans quatre moys.	11
156	S. Anicet, Syrian, tint le siege x. ans ou enuiron	12
166	S. Sother, natif de Champaigne, tint le siege neuf ans & trois moys.	13
177	S. Eleuthere, Grec, tint le siege quinze ans & trois moys.	14
192	S. Victor, premier, d'Aphrique tint le siege neuf ans & trois moys.	15
203	Sainct Zeperin, Rommain, tint le siege dixsept ans.	16
221	S. Calixte premier du nom tint le siege six ans ou enuiron.	17
226	S. Vrbain, premier, Rommain, tint le siege huyct ans.	18
234	S. Pontian, Rommain, tint le siege cinq ans.	19
239	Sainct Anther, Grec, tint le siege deux ans ou enuiron.	20
240	S. Fabian, Rōmain, tint le siege xiiij. ans & plus.	21
254	S. Corneille, Rommain, tint le siege deux ans & deux moys.	22

Catalogue des Papes. Fueil.cviii.

Ans de Ie- susChrist		Ordre des Papes.
256	S. Luce, i. Rommain, tint le siege trois ans.	23
259	Sainct Estienne, premier, Rommain, tint le siege trois ans.	24
262	Sainct Sixte deuxieme, Grec, tint le siege deux ans dix moys ou enuiron.	25
266	Sainct Denis, Rommain, tint le siege six ans, ce fut le premier Pape moyne.	26
272	Sainct Felix, premier Rommain, tint le siege quatre ans ou enuiron.	27
276	Sainct Eutichian, Tusque, tint le siege vn an.	28
277	Sainct Cayus, Dalmate tint le siege vnze ans & trois moys.	29
288	Sainct Marcellin, premier, Rommain tint le siege neuf ans & deux moys.	30
297	Sainct Marcel, Rommain, tint le siege cinq ans & six moys.	31
303	Sainct Eusebe Grec, tint le siege six ans.	32
309	Sainct Melchiades, Aphriquain, tint le siege quatre ans sept moys.	33
314	Sainct Siluestre, Romain, tint le siege vingt & trois ans & plus.	34
338	Marc, Rommain, tint le siege deux ans & plus.	35
340	Iulius, premier, Rommain tint le siege quinze ans.	36
355	Liberius, Rommain, tint le siege six ans ou selon les autres dix ans quatre moys, selon Volateran, dixsept ans.	37
366	Felix, deuxieme Rommain, tint le siege vn an quatre moys.	38
398	Damase, Espaignol, tint le siege dixneuf ans ou enuiron.	39

O iiii

Catalogue des Papes.

Ans de Iesus Christ		ordre des Papes.
387	Sircius, Rommain tint le siege seize ans ou environ.	40
402	Anastasie.i. Rommain tint le siege trois ans.	41
405	Innocēt.i natif d'Albanie, tint le siege .xv. ans.	42
420	Zoximus, Grec. tint le siege vn an.	43
421	Boniface.i. Rōmain, tint le siege trois ans huyt moys.	44
425	Celestin, natif de Chāpaigne, tint le siege huyt ans dix moys.	45
434	Sixte iij. Rommain, tint le siege huyt ans.	46
442	Leon premier, Tusque tint le siege .xxi. an.	47
464	Hilaire, natif de Sardeine, tint le siege sept ans ou enuiron.	48
470	Simplice, natif de Tyburce, tint le siege quinze ans.	49
485	Felix, troisieme, Rommain, tint le siege ix. ans ou enuiron.	50
464	Gelaise.i. natif d'Aphrique tint le siege quatre ans & huyt moys.	51
499	Anastaise, deuxieme, Rōmain, tint le siege deux ans ou enuiron.	52
501	Symmachus, natif de Sardeine, tint le siege .xv. ans six moys ou enuiron.	53
517	Hormisda, natif de Chāpaigne, tint le siege neuf ans.	54
526	Iehan, premier, Tusque tint le siege deux ans huyt moys.	55
528	Felix, quatrieme, Samien, tint le siege quatre ans quatre moys.	56
534	Boniface.y. Rommain, tint le siege deux ans.	57

Catalogue des Papes. Fueil. cix.

Ans de Iesus Christ		ordre des Papes.
535	Iehan, deuxieme, Rommain, tint le siege deux ans quatre moys.	58
537	Agapit, premier, Rommain, tint le siege vn an ou enuiron.	59
538	Siluere, natif de Champaigne, tint le siege vn an & cinq moys.	60
539	Vigilius, Rommain, tint le siege dixsept ans six moys.	61
555	Pelagius, Rommain, tint le siege vnze ans.	62
564	Iehan troisieme, Rommain, tint le siege treize ans ou enuiron.	63
577	Benoist, premier, Rommain, tint le siege quatre ans deux moys.	64
581	Pelagius, deuxieme, Rommain, tint le siege dix ans deux moys.	65
590	Gregoire, premier, surnommé le Grand, Rommain, tint le siege treize ans six moys.	66
606	Sabinian tint le siege vn an & cinq moys.	67
607	Boniface. iij. Rommain, tint le siege neuf moys.	68
607	Boniface, quatrieme, natif de Marse, tint le siege six ans huyct moys.	69
715	Deus dedit, Rommain tint le siege trois ans.	70
617	Boniface cinqieme, natif de Champaigne, tint le siege cinq ans.	71
622	Honoré, premier, natif de Champaigne, tint le siege treize ans ou enuiron.	72
935	Seuerin, Rōmain, tint le siege vn an & ij. moys	73
941	Iehan, quatrieme, Dalmate, tint le siege deux ans ou enuiron.	74
943	Theodore, premier, Grec tint le siege six ans.	75

Catalogue des Papes.

Ans de Ieſus Chriſt		ordre des Papes.
648	Martin premier, Thudertin, tint le ſiege ſix ans & vn moys.	76
654	Eugene, premier, Rommain, tint le ſiege deux ans & neuf moys.	77
657	Vitalian Signian, natif de Champaigne, tint le ſiege quatorze ans & ſix moys.	78
672	Adeodatus, Rommain, tint le ſiege xiiij ans.	79
676	Donus, premier, Rōmain, tint le ſiege cinq ans	80
681	Agathon, natif de Sicille, tint le ſiege deux ans ſix moys.	81
683	Sainct Leon ij. Sicilien, tint le ſiege dix moys.	82
684	Benoiſt ij. Rommain tint le ſiege dix moys.	83
685	Iehan v. Sirian, tint le ſiege vn an.	84
686	Conon, natif de Thrace, tint le ſiege vnze moys.	85
687	Sergius premier, natif d'Antioche, tint le ſiege treize ans huyct moys.	86
700	Iehan, ſeptieme, Grec, tint le ſiege deux ans ſept moys.	87
703	Iehan ſixieme, Grec, tint le ſiege trois ans ſept moys ou enuiron.	88
706	Soſimus, natif de Syrie, tint le ſiege xx. iours.	89
706	Conſtantin, premier natif de Syrie, tint le ſiege ſept ans.	90
713	Gregoire, deuxieme Rommain, tint le ſiege dix-ſept ans ou enuiron.	91
730	Gregoire, troiſieme, natif de Syrie, tint le ſiege dix ans & huyct moys.	92
741	Zacharie, Grec tint le ſiege dix ans trois moys.	93
751	Eſtienne. ij. Rommain, tint le ſiege cinq, ans.	94
756	Paul. i. Rommain, tint le ſiege ſept moys.	95

Catalogue des Papes. Fueil. cx.

Ans de Iesus Christ		ordre des Papes
767	Estienne, troisieme, natif de Sicille, tint le siege quatre ans & cinq moys.	96
771	Adrian, premier, Rommain tint le siege vingt & trois ans dix moys.	97
795	Leon, troisieme, Rommain, tint le siege vingt & vn an ou enuiron.	98
805	Estienne, quatrieme, Rommain tint le siege sept moys.	99
816	Pascal, premier, Rommain, tint le siege sept ans trois moys.	100
823	Eugene, deuxieme, Rōmain, tint le siege quatre ans ou enuiron.	101
826	Valentin, Rommain, tint le siege quarante iours.	102
827	Gregoire, quatrieme, Rommain, tint le siege seize ans.	103
843	Sergius, ii. Rommain, tint le siege trois ans.	104
846	Leon, quatrieme, Rommain tint le siege huyct ans trois moys.	105
855	Iehan, Anglois, natif de Magunce, estoit femme, elle tint le siege deux ans ou enuiron.	106
857	Benoist, troisieme, Rommain, tint le siege deux ans cinq moys.	107
860	Nicolas, premier Rommain, tint le siege sept ans.	108
867	Adrian, deuxieme, Rommain, tint le siege cinq ans neuf moys.	109
873	Iehan, huyctieme, Rommain, tint le siege dix ans.	110
884	Martin, deuxieme, natif de France, tint le siege vn an cinq moys.	111

Catalogue des Papes.

Ans de Iesus Christ		ordre des Papes.
885	Adrian, troisieme, Rommain tint le siege vn an deux moys.	112
886	Estienne, cinquieme, Romain, tint le siege six ans.	113
892	Formose, tint le siege cinq ans six moys.	114
898	Boniface, sixiesme, Tusque, tint le siege vingt & six iours.	115
898	Estienne, sixieme, Rommain, tint le siege vn an & trois moys.	116
899	Rommain, Espaignol, ou selon les autres Rommain, tint le siege trois moys.	117
899	Theodore ij. Romain, tint le siege xx. iours.	118
899	Iehan ix. Rommain, tint le siege deux ans.	119
902	Benoist iiij. Rommain, tint le siege trois ans quatre moys ou enuiron.	120
905	Leon v. Aretin, tint le siege quarante iours.	121
905	Christofle, tint le siege sept moys.	122
906	Sergius, troisieme, Rommain, tint le siege sept ans quatre moys.	123
913	Anastaise iij. Rommain tint le siege deux ans.	124
915	Laudo, natif de Sabine, tint le siege six moys.	125
916	Iehan, dixieme, Rommain, tint le siege treize ans deux moys.	126
929	Leon, sixieme, Rommain, tint le siege sept moys.	127
930	Estienne, septieme, tint le siege deux ans vn moys.	128
932	Iehan xi. Rommain tint le siege iiij. ans x. moys.	129
637	Leon, septieme, Rommain, tint le siege trois ans quatre moys.	130
940	Estienne, huytieme, natif d'Allemaigne, tint le siege trois ans quatre moys.	131

Catalogues des Papes. Fueil. cxI.

Ans de Iesus Christ		ordre des Papes.
943	Martin, iiij. Rômain, tint le siege trois ans six mois.	132
946	Agapit, deuxieme, Rommain, tint le siege neuf ans ou enuiron.	133
955	Iehan, xii. Rommain, tint le siege neuf ans.	134
962	Benoist, cinqieme, Rômain, tint le siege six moys.	135
962	Leon, huyctieme, Rommain, tint le siege vn an & quatre moys.	136
964	Iehâ, trezieme, Rômain, tint le siege six ans vnze moys.	137
972	Benoist, sixieme, Rommain, tint le siege vn an six moys.	138
974	Donus, deuxieme, Rommain, tint le siege vn an.	139
975	Boniface, vii. duquel on ne sçait le surnom, ne la nation, tint le siege six moys.	140
975	Benoist, douzieme, Rômain tint le siege huyct ans & six moys.	141
983	Iehan xiiii. Rommain, tint le siege trois moys.	142
983	Iehan, xv. Rommain, tint le siege huyct moys.	143
983	Iehan, sezieme, Rommain, tint le siege dix ans six moys.	144
994	Gregoire, cinqieme, natif de Saxonne, & prochain parent d'Othon, troisieme, tint le siege deux ans cinq moys.	145
996	Iehan, dixseptieme, tint le siege dix moys.	146
997	Siluestre deuxieme, natif de France, tint le siege quatre ans.	147
1001	Iehan, dixhuictieme, duquel on ne sçait le surnom ne le pays, tint le siege quatre moys vingt iours.	148
1001	Iehan, dixneufieme, Rommain, tint le siege quatre ans quatre moys.	149

Catalogue des Papes.

An yde Ie/us Chriſt		ordre des Papes.
1006	Sergius, iiij. Rommain, tint le ſiege deux ans.	150
1009	Benoiſt, huytieme, Tuſculan, tint le ſiege vnze ans vn moys.	151
1021	Iehan.xx. Rommain, tint le ſiege vnze ans.	152
1032	Benoiſt, neufieme, Tuſculan, tint le ſiege dix ans quatre moys.	153
1039	Siluestre troiſieme, Rōmain, fut au lieu de Benoiſt ix. faict Pape, & tint le ſiege quarante iours.	154
1345	Gregoire, ſixieme, fut Pape, par la reſination que luy en feit Benoiſt, neufieme, & tint le ſiege deux ans ſept moys, au bout deſquelz fut cōtrainct par l'Empereur Henry, troiſieme, de ceder & y renoncer.	155
1407	Clement, deuxieme, fut par l'authorité de l'Empereur Héry, troiſieme faict Pape, aprez la ceſsion qu'auoit faict Gregoire, neufieme, du pōtificat, & tint le ſiege neuf moys.	156
1048	Damaſe, deuxieme, natif de Bauiere, tint le ſiege vingt & trois iours.	157
1049	Leon, dixieme, Allemant, tint le ſiege cinq ans deux moys.	158
1053	Victor, deuxieme, natif de Bauiere, tint le ſiege deux ans troys moys.	159
1056	Eſtienne, neufieme, natif de Lorraine, tint le ſiege ſept moys & plus.	160
1057	Benoiſt, dixieme, natif de Champaigne, tint le ſiege neuf moys.	161
1057	Nicolas, deuxieme, natif de Sauoye, tint le ſiege troys ans ſix moys.	162
1061	Alexandre, deuxieme, Milannois, tint le ſiege vnze ans ſix moys.	163

Catalogue des Papes. Fueil.cxii.

Ans de le sus Christ		ordre des Papes.
1073	Gregoire, septieme, natif de Sauoye, tint le siege douze ans vn mays.	164
1086	Victor, troisieme, tint le siege vn an quatre moys.	165
1088	Vrbain, deuxieme, tint le siege douze ans.	166
1100	Paschal, deuxieme, Italien, tint le siege dixhuyct ans cinq moys ou enuiron.	167
1118	Gelaise, deuxiesme, natif de Cayette, tint le siege vn an.	168
1119	Calixte, deuxieme, natif de Bourgogne, tint le siege cinq ans dix moys.	169
1124	Honoré, deuxieme, natif d'Imole, tint le siege cinq ans deux moys.	170
1130	Innocēt, deuxieme, Rommain, tint le siege quatorze ans sept moys.	171
1144	Celestin, deuxieme, Tusque, tint le siege cinq moys.	172
1144	Lucius, deuxieme, natif de Boulongne, tint le siege vnze moys quatre iours.	173
1145	Eugene, troisieme, natif de Pise, tint le siege huyct ans quatre moys.	174
1153	Anastaise, quatrieme, Rommain, tint le siege vn an quatre moys & vingtquatre iours.	175
1154	Adrian, quatrieme, Anglois, tint le siege quatre ans dix moys.	176
1159	Alexandre, quatrieme natif de Sene, tint le siege vingt & vn an, & dauantage.	177
1181	Lucius, troisieme, Tusque, tint le siege quatre ans deux moys.	178
1185	Vrbain troisieme, Milanois, tint le siege vn an dix moys vingt cinq iours.	179

Catalogue des Papes.

Ans de Iesus Christ		ordre des Papes.
1187	Gregoire, huictieme, natif de Beneuent, tint le siege cinquante sept iours.	180
1187	Clement, troisieme, Rommain, tint le siege trois ans cinq moys.	181
1191	Celestin, trosieme, Rommain, tint le siege six ans & sept moys.	182
1198	Innocent, trosieme, natif de Champaigne, tint le siege dixhuict ans vn moys ou enuiron	183
1216	Honoré, trosieme, Rommain, tint le siege dix ans sept moys ou enuiron.	184
1226	Gregoire, neufieme, Chāpenoys, tint le siege quatorze ans & trois moys.	185
1240	Celestin, quatrieme, natif de Milan, tint le siege dixhuict iours.	186
1242	Innocēt, quatrieme, Geneuoys, tint le siege vnze ans & six moys.	187
1254	Alexandre, quatrieme, natif de Champaigne, tint le siege sept ans ou enuiron.	188
1261	Vrbain, troisieme natif de Troye en Chāpaigne, tint le siege trois ans.	189
1265	Clement quatrieme, natif de sainct Gilles, en la Prouince de Narbonne, tint le siege trois ans & neuf moys.	190
1271	Gregoire, dixieme natif de Plaisance, tint le siege quatre ans.	1
1275	Innocent, cinqieme, natif de Bourgongne, tint le siege six moys.	192
1276	Adriā, cinqieme, natif de Genes, tint le siege trēteneuf iours.	193
1276	Iehan, vingt & vnieme, natif de Portugal, tint le siege huict moys.	194

Catalogue des Papes. Fueil.cxiii.

Ans de Ie-/sus Chriſt		ordre des Papes.
1278	Nicolas,troiſieme,Rommain,tint le ſiege trois ans huyct moys ou enuiron.	195
1281	Martin.iiij.natif de Tours, tint le ſiege quatre ans deux moys.	196
1285	Honoré,quatrieme,Rōmain,tint le ſiege.iiij.ans	197
1287	Nicolas,quatrieme de l'ordre S.Frācoys, tint le ſiege quatre ans vn moys huyct iours.	198
1293	Celeſtin,cinqieme,parauāt Hermite,tint le ſiege ſix moys tant ſeulement, & renonce a ſon Pōtifi-cat, par la fraude de celuy qui aprez luy fut Pape.	199
1294	Boniface,huyctieme,natif de Champaigne, tint le ſiege huyct ans neuf moys.	200
1303	Benedic,vnzieme,Italien,de l'ordre de S.Domi-nique,tint le ſiege neuf moys.	201
1305	Clement.v.natif de Gaſcongne,tint le ſiege en Auignon huyct ans dix moys & quinze iours.	202
1316	Iehan.xxii.natif de France,tint en Auignon le ſiege.xix ans quatre moys ou enuiron.	203
1334	Benoiſt,douzieme,natif de Tholoſe, de l'ordre de Citeaux,tint le ſiege en Auignon ſept ans.	204
1342	Clemēt,ſixieme,Lymoſin,tint ſon ſiege en Aui-gnon vnze ans ou enuiron.	205
1352	Innocent,ſixieme Lymoſin,tint le ſiege en Aui-gnon dix ans.	206
1363	Vrbain,cinqieme,Lymoſin,tint le ſiege huyct ans & quatre moys.	207
1371	Gregoire,vnzieme Lymoſin,tint le ſiege ſept ans cinq moys,il s'en alla mourir à Romme, & mena auec luy toute ſa court,l'an.lxx.aprez que la court de Romme ſe fut tenue en Auignon.	208
1378	Vrbain.vii.Neapolitain,tint le ſiege a Romme	209

p

Catalogue des Papes.

Ans de Ie- sus Christ		ordre des Papes.
	vnze ou huyct moys. Si fut lors le grand scisme en l'eglise: car vne partie des Cardinaulx esleurēt Clement.vii.lequel tint son siege en Auignō.xv ans.	
1309	Boniface, neufieme, Neapolitain, tint le siege à Rōme quatorze ans neuf moys, durant le scisme	210
1404	Innocent. septieme, natif de Silmone, tint le siege à Romme deux ans.	211
1406	Gregoire, xii. Venitiē, aprez qu'aucun tēps il eut tenu son siege à Romme, aucuns disent par l'espace de, ii. ans, il fut de sa dignité priué au cōcile de Pise.	212
1409	Alexandre, cinqieme, de l'ordre de S. Francoys, tint le siege vnze moys.	213
1410	Iehan, vingt & troisieme, Neapolitain, tint le siege à Romme quatre ans dix moys, & fut priué de son pontificat au Concile de Constance.	214
1417	Martin, cinqieme, Rommain, fut esleu au Cōcile de Constance, & tint le siege quatorze ans.	215
1431	Eugene quatrieme, Venitiē, tint le siege, xvi, ans ou enuiron: de son temps fut celebré vn Concile à Basle. Ledict eugene, cōbien que parauant eust appellé à celuy Concile: toutesfois il n'y voulut comparoistre: parquoy fut par ledict Cōcile priué de sa dignité, & en son lieu, Amé, Hermite, qui parauant auoit esté Duc de Sauoye, esleu Pape, & appellé Felix, cinqieme.	216
1447	Nicolas.v.Geneuoys, fut aprez Eugene esleu du viuant de Felix, lequel pour oster le scisme, ceda audict Nicolas son degré, & demoura cestuy Nicolas seul Pape, si tint le siege huyct ans.	217
1455	Calixte, troisieme, Espaignol, tint le siege trois ans trois moys.	218
1458	Pie, ii. natif de Sene, tint le siege six ans ou enuirō.	219

Catalogue des Papes. Fueil. cxliii.

An sde Ie sus Christ		ordre des Papes.
1464	Paule, deuxieme, Venitien, tint le siege six ans dix moys.	220
1471	Sixte quatrieme, natif de Sauonne, parauant General de l'ordre de sainct Francoys, tint le siege treze ans ou enuiron.	221
1484	Innocent, huyctieme Geneuoys, tint le siege huyct ans ou enuiron.	222
1492	Alexandre, sixieme, Espaignol, tint le Siege vnze ans ou enuiron.	223
1503	Pie, troisieme, tint le siege trente iours.	224
1053	Iules, deuxieme, natif de Sauonne, tint le siege neuf ans quatre moys.	225
1512	Leon, dixieme, natif de florence, filz de Laurens de medicis, fut esleu Pape le neufieme de Mars, & deceda le premier iour de Decembre, apres auoir tenu le siege neuf ans.	226
1521	Adrian, sixieme, natif du Trect, estãt en Espaigne fut esleu Pape le, ix de Ianuier, & couronné le dernier iour d'Aoust, mil cinq cẽs vingt & deux, & tint le siege vingt moys.	227
1523	Clement, septieme, parauant nommé Iehan, cardinal de Medicis, fut esleu le dixneufieme iour de Nouembre, & a tenu le siege vnze ans.	228
1534	Paul, troisieme, au parauant appellé le Gardinal de Frenese, est en ceste presente ãnee, que l'on compte mil cinq cens quarante neuf, est le quinxieme an de son pontificat.	229

Fin du Catalogue des Papes.

Catalogue des Empereurs. Fueil.cxv.

|Ans de Ie-| |ordre des|
|fus Chriſt| |Emper.|

S'enſuyt le Catalogue & Chronique des Empereurs, puis Octouian iuſques à Charles, cinqieme, a preſent regnant:

Et premierement.

	Octouian Ceſar Auguſte(du nom duquel les Empereurs, ſes ſucceſſeurs, ont eſté appellez Auguſtes) filz de Cayus Octauius, en ſon viuant Senateur de Romme, & d'Ethia, fille de Iulia laquelle eſtoit ſœur de Iulius Ceſar, premier Empereur, tint ſon Empire cinquate ſix ans, l'an quarāte deuxieme de ſon Empire naſquiſt IeſusChriſt, le Sauueur du monde.	2
16	Tibere, filz de Luia (laquelle eſtoit femme d'O-	3

p iii

Catalogue des Empereurs.

Ans de Ie-sus Christ		ordre des Emper.
	(Iowien Auguste) tint l'Empire xxiiij. ans.	
39	Cayus Caligula, filz de Germanicus, duquel le pere se nõmoit Drusus, tint l'Empire iij. ans x. moys.	4
43	Claude, filz de Drusus, lequel estoit frere de Tibere, & oncle de Caligula, tint l'Empire treize ans neuf moys.	5
57	Neron, gendre de Claude, tint l'Empire quatorze ans ou enuiron.	6
71	Galba, lors qu'il estoit en Espaigne fut cree Empereur, & tint l'Empire sept moys.	7
	Otto, tint l'Empire trois moys.	8
	Vitellus, tint l'Empire huyct moys.	9
72	Vespasian, filz de Sabinus, tint l'Empire ix. ans.	10
81	Titus, filz de Vespasian, fut Empereur deux ans & deux moys.	11
83	Domitian, filz de Vespasian, & frere de Titus, fut Empereur quinze ans & cinq moys.	12
99	Nerua, tint l'Empire vn an & quatre moys.	13
100	Traian, natif d'Espaigne, filz adoptif de Nerua, tint l'Empire dixneuf ans & six moys.	14
119	Adrian, filz de Helie Adriã, cousin de Traian, tint l'Empire vingt & vn an.	15
140	Antonius Pius, gẽdre d'Aarian, & Pius, son filz adoptif tint l'Empire xxiiij. ans ou enuiron.	16
163	Marc Aurele Antonin, surnommé le Vray, tint l'Empire auec Lucius le Vray, son frere. xi. ans, apres la mort duquel il fut encore Empereur huyct ans. Ces deux furẽt les premiers qui diuiserẽt l'empire en deux, egallement.	17
282	Lucius Aurelius Antonin, surnõmé Cõmodus, filz de Marc Antonin le Vray, tint l'empire. xiij. ans.	18

Catalogue des Empereurs. Fueil. cxvi.

Ans de Iesus Christ		ordre des Emper.
194	Helius, surnõmé Pertinax, cõme il exerçoit la prefecture de la cité de Rõme, fut par sentẽce du Senat cree Empereur, contre sa volunté, l'an de son aage soixante & dix, il tint l'Empire six moys.	19
195	Didius Solinus Iulian, grand legiste fut apres Helius) lequel il auoit occis) Empereur, & tint l'Empire sept moys ou enuiron. Aucuns ne le mettent en l'ordre des Empereurs.	20
195	Seuerus, Pertinax, natif d'Affrique, tint l'Empire dixhuyct ans.	21
213	Bassianus Caracalla, filz de Seuerus, natif d'Angleterre, fut Roy d'Angleterre & Empereur, il tint l'Empire six ans.	22
220	Opilius Marcinus fut par les gens de guerre faict Empereur, & tint l'Empire vn an auec son filz Diaduenus, qu'il auoit faict regner auec soy.	23
221	Antonin Heliogabalus, filz bastard de Caracalla, tint l'empire quatre ans.	24
224	Aurelian Alexandre, filz de Mãmee, tint l'empire treize ans.	25
237	Iules Maximin, natif de Thrace, ce fut le 1. qui occupa l'ẽpire, sans l'authorite du Senat: pquoy ioinct ses tyrãnies et iniquitez, fut par sẽtẽce du Senat declaré ẽnemy de la chose publique, et priuée de l'ẽpire	26
	Gordian surnõmé l'Ancien, fut par la deposition de Maximin declaré Empereur, lors qu'il estoit en Affrique, il tint l'empire vn an & six moys.	27
	Pupienus & Balbinus, apres la mort de Gordian furent par le Senat declairez Empereurs, & Gordian, filz de la fille de l'ancien Gordian faict Cesar, si tindrent l'empire plus d'vn an.	28
241	Gordian le ieune, filz de la fille de l'ancian Gor-	19

p iiii

Catalogue des Empereurs.

Ans de Iesus Christ		ordre des Emper.
	dian, tint l'Empire six ans.	
247	Philippe, natif d'Arabie, il associa auec luy a l'empire son filz Philippe Ce fut le premier Chrestié, & baptizé de tous les Roys & Empereurs Rōmains	30
251	Decius, natif de Champaigne, ou Hōgrie la basse, tint l'Empire deux ans.	31
254	Gallº Hostiliº, il associa Volusianº sō filz. auec soy en l'Empire, si le tindrèt l'espace de .ij. ans ou ēuirō.	32
256	Licinius Valerian, fut auec Galien, son filz, faict Empereur.	33
262	Galien, filz de Valeriā, pres la prinse de son pere cōmencea a estre seul Empereur. Cestuy Empereur auoit deux nōs, & s'appelloit aucunesfois Decius: il fut par les siēs occis apresqu'il eut tenu l'Empire, c'estassauoir auec son pere .vi. ans. & seul .ix. ans.	34
271	Flauius Claude, natif de Dalmacie, tint l'Empire vn an & neuf moys.	35
273	Quintilius frere de Claude, tint l'ēpire .xvij. iours.	36
273	Valerius Aurelian, natif de Hongrie, ou selō les autres de Dalmacie tint l'Empire v. ans six moys.	
278	Annius Tacitus, tint l'Empire six ans ou enuirō.	37
279	Florian, frere de Tacitus, fut Empereur v. moys.	38
279	Aurelius Probus, natif de Pānonie, ou Hongrie, tint l'Empire six ans quatre moys.	39
285	Aurelius Carus, natif de Narbonne, en Gaule, ou selon les autres, nay a Romme, & natif d'Illyrie, il associa auec luy, a l'Empire, ses deux filz Carinus & Numeranus.	41
287	Diocletiā, natif de Dalmacie, associa auec luy Maximian, natif de Hongrie, tous deux renoncerent a l'Empire, apres qu'ilz eurent tenu vingt ans.	42

Catalogne des Empereurs. Fueil.cxvij.

Ans de Ie-sus Chnst		ordre des Emper.
307	Cōstātinus & Gaterius Maximius, furent tous deux Empereurs. Cōstātius mourut apres qu'il eut tenu l'Empire iij. ans combiē que parauant il eust administré l'Empire l'espace de dix ans, comme Cesar du temps de Diocletian & Maximian.	43
309	Cōstentin, surnommé le Grand, filz de Cōstātius & de S. Helaine, tint l'Empire trente ans, tant à Romme qu'à Constantinoble.	44
340	Constantius deuxieme filz de Constantin le Grand, tint l'Empire vingt quatre ans.	45
364	Iulian l'Apostat, filz de Cōstātius, lequel estoit frere de Cōstantin le Grād, tint l'Empire vn an & huyct moys. Icy discordent les Historiographes.	46
366	Ionian, natif de Pānonie, tint l'Empire. viij. moys.	47
367	Valētinian, natif de Pānonie, fut auec Valens, son frere, Empereur, il tint l'Empire vnxe ans.	48
378	Valens, frere de Valētiniā, suruesquit sondict frere, & commencea a Imperer auec Gratian & Valentinian le ieune, enfans de Valentinian, sondict frere, & tint l'Empire quatre ans.	49
382	Gratian, filz de Valētinian, suruesquit Valēs, son oncle, & apres la mort de luy fut Empereur, il associa auec luy, en l'Empire de Constantinoble, Theodose, lors qu'en Occident regnoit Valentinian le ieune, il tint l'Empire six ans.	50
388	Theodose le Grād, natif d'Espaigne, tint l'Empire de cōstātinoble xi. ās sans ce qu'au precedēt la mort de Gratiā il auoit ia tenu. vi. ās auec ledict Gratiā	51
199	Archadius & Honoré, enfans de Theodose. furent ensemble Empereurs, c'est assauoir Theodose à Constantinoble, & Honoré en occident, si Impererent ensemble treize ans.	52
411	Honoré, suruesquit Archiadus, & auec Theodo-	53

Catalogue des Empereurs.

Ans de Ieſus Chriſt		ordre des Emper.
	re le ieune filz de ſondict frere commencea à Impeter, & tint ſon Empire quinze ans.	
426	Theodoſe le ieune ſucceda à Archadius, ſon pere à l'Empire de Cõſtantinoble, lequel auec Honoré ſon oncle, qui Imperoit en Occidẽt, il tint l'Empire xv.ans, & apres ſon treſpas il crea Empereur, en Occident, Valentinian le ieune, ſon gendre, auec lequel il tint l'Empire vingtſix ans.	54
453	Martian fut en Conſtantinoble Empereur apres Theodoſe, le ieune, duquel auoit eſpouſé la ſœur, lors que Valẽtinian, le ieune, Imperoit en Italie, il tint l'Empire ſept ans, c'eſt aſſauoir cinq ans auec Valentinian le ieune, & deux ſeul.	55
460	Leon, premier, tint l'Empire ſeize ans.	56
476	Leon, deuxieme, filz de la fille, ou de la ſœur de Leon, premier, fut peu de temps Empereur, car à raiſon de ſes maladies, & infirmitez, il ordonna ſon pere Zenon Empereur.	57
476	Zenon Iſauricus, pere de Leon.ij fut Empereur en Conſtantinoble, dixſept ans.	58
493	Anaſtaiſe, tint l'empire vingtſix ans.	59
518	Iuſtin l'Ancien premier natif de Thrace, tint l'empire neuf ans.	60
528	Iuſtinian.i, filz de la ſœur de Iuſtin, fut Empereur l'eſpace de trente neuf ans ou enuiron.	61
565	Iuſtin le ieune, deuxieme, natif de Thrace, nepueu de Iuſtinian, tint l'empire vnze ans.	62
576	Tibere, deuxieme, filz adoptif de Iuſtin, tint l'empire ſept ans.	63
583	Maurice, natif de Capadoce, gendre de Tibere, tint l'Empire vingt & vn an.	64
604	Focas fut du viuant de Marice faict Empereur,	65

Catalogue des Empereurs. Fueil.cxviii.

Ans de Iesus Christ		ordre de l'Emper.
	il tint l'Empire huyct ans.	
612	Heracle, filz de Heracle, Preteur d'Affrique, fut Empereur trente ans.	66
642	Constantin, deuxieme, filz de Heracle, tint l'Empire quatre moys.	67
642	Heracleonas, filz de Heracle, tint l'empire deux ans.	68
644	Constans, ou Constantius, ou Constantin iiij. filz de Constantin.ij. tint l'Empire trentesix ans.	69
670	Constantin, quatrieme, filz de Constans, tint l'empire dixsept ans.	70
687	Iustinian, deuxieme, filz de Constantin, apres qu'il eut tenu l'empire dix ans, Leōtius luy coppa le nez & les oreilles, & l'enuoya en exil: mais depuis il fut rappellé, & remis en son Empire, lequel il tint encores six ans.	71
	Leontius, apres qu'il eut du siege Imperial ietté Iustiniā, il se feit Empereur, & tint le siege.iij.ans	72
700	Tibere, troisieme, tint l'Empire sept ans, au bout desquelz, Iustinian, qui par Leontius auoit esté expulsé, retourna à grād ost en Cōstātinoble, & feit occire Leontius & Tibere, & recouura son Empire, lequel il tint encores six ans.	73
713	Philippicus, tint l'Empire deux ans ou enuiron.	74
715	Anastaise, deuxieme, tint l'Empire trois ans.	75
717	Theodose, troisieme, tint l'Empire vn an.	76
718	Leon, troisieme, tint l'Empire vingtquatre ans.	77
742	Constantin, cinquieme, filz de Leon, troisieme, tint l'Empire trentecinq ans.	78
777	Leon, quatrieme, filz de Constātin, cinqieme, tint l'Empire cinq ans.	79

Catalogue des Empereurs.

Ans de Ie sus Christ		ordre des Emper.
782	Cōstātin.vi. filz de Leon quatrieme, tint l'empire auec Hyrene, sa mere, dix ans, au bout desquelz il l'expulsa, & depuis Impera seul.v.ans, mais sadi-cte mere luy creua les yeulx, & fut Emperiere.	80
	Hyrene, mere de Cōstātin.vi. tint l'Empire de Cō statinoble, apres son filz.iij.ans, en la fin desqlz fut trāsporté l'Empire en la psonne de Charlemaigne.	81
800	Charles le Grād, autremēt nōmé Charlemaigne, natif en Frāconie, Prouince d'Allemaigne, filz du Roy Pepin, & de la Royne Berthe, fut couronné Empereur des Rōmains le xxv. de Decembre, qui est le iour de la natiuité de nostre Seigneur, il tint l'Empire quatorze ans vn moys & quatre iours.	82
815	Loys le Debonnaire, filz de Charlemaigne, tint l'Empire vingtcinq ans.	83
840	Lotaire, premier, filz de Loys le Debonnaire, fut apres son pere Empereur, il associa auec luy en l'em pire Loys, son filz, & tint l'Empire quinze ans.	84
855	Loys.ij. filz de Lotaire, fut apres la mort de son pe-re seul Empereur, & tint l'Empire xxi.an.	85
875	Charles.ij. surnōmé le Chauue, filz de Loys le De-bonnaire, tint l'Empire vn an & neuf moys aucūs & signamment Sigibert, y mettens ij.ans entiers.	86
880	Charles.iij. dict le Gros, fut Empereur apres Loys le Begue, & tint l'ēpire douze ans & cinq moys.	87
891	Arnould, filz de Carlomā, tint l'ēpire douze ans.	88
903	Loys, troisieme, filz d'Arnould, tint l'Empire en Allemaigne dix ans.	89
913	Cōrad, premier, filz du frere de l'Empereur Loys, tint l'Empire en Allemaigne sept ans.	60
920	Henry, filz d'Otton, Duc de Saxonne, tint l'Em-pire en Allemaigne dixhuyct ans ou enuiron.	91

Catalogue des Empereurs. Fueil. cxix.

Ans de Iesus Christ		ordre des Emper.
938	Otton, surnômé le Grãd, filz de Henry, tint l'empire trente six ans.	92
974	Otton, deuxieme filz d'Otton le Grãd, tint l'empire aprez la mort de son pere dix ans ou enuiron.	93
984	Otton.iii. filz d'Otton ii. tint l'Empire.xix.ans.	94
1003	Henry, ii fut le premier qui en ensuyuant l'ordõnance du pape Gregoire, cinqieme, ayt par les Electeurs d'Allemaigne esté esleu Empereur, il tint l'Empire vingt & deux ans.	95
1025	Conrad, deuxieme, tint l'Empire quinze ans.	96
1040	Henry, iiii. filz de Cõrad. tint l'Empire.xvii.ans.	97
1057	Henry.iiii. filz de Henry.iii. tint l'Empire.L.ans.	98
1107	Henry.v. filz de Henry.iiii. tint l'Empire. xx ans.	99
1127	Lotaire.ii. Duc de Saxonne, tint l'Empire, xi. ans.	100
1138	Conrad.iii. Duc de Sueue, tint l'Empire.xiiii.ans.	101
1152	Frederic, Barberousse, premier, tint l'Empire trente sept ans.	102
1189	Henry.vi. filz de Frederic, tint l'Empire dix ans.	103
1200	Philippe, frere de Henry, fut en grãd discord cõtre Otton, esleu Empereur, & cõfermé par le pape Innocent.troisieme, lequel sans auoir la couronne Imperialle, tint l'Empire dix ans.	104
1209	Otton, filz de Henry, Duc de Saxõne, tint l'Empire trois ans.	105
1212	Frederic, deuxieme, filz de Henry, sixieme, tint le l'Empire trentedeux ans.	106
1244	Hẽry, vii. Lantgraue de Thuringe, fut par la deposition de Frederic.ii. esleu Empereur, de l'authorité du pape Innocent,iiii. & tint l'Empire, v. ans sans estre couronné de la couronne Imperialle.	107
1249	Guillaume, Comte de Hollãde, fut aprez la mort	108

Catalogue des Empereurs.

Ans de Ie(us Christ		ordre des Emper.
	de Henry esleu Empereur, & n'eut point la corône de l'Empire: toutesfois il Impera sept ans ou enuiró. Plusieurs historiographes ne mettent point ses deux precedans du nombre des Empereurs.	
1257	Richard, Comte de Cornouaille, & Alphonse, Roy de Castille, furent aprez la mort de Guillaume esleuz en discord par les Electeurs. Il y eut scisme en l'empire iusques en l'an mil deux cens lxxiiii.	110
1273	Radulphe, Comte de Habspurg, tint l'Empire dixneuf ans, sans estre couronné de la couronne Imperialle.	111
1292	Adolph, Comte de Nassau, tint l'Empire six ans sans estre couronné Empereur.	112
1298	Albert, filz de Radulphe, fut aprez la mort de Adolph esleu Empereur, & tint l'Empire dix ans.	113
138	Henry, huyctieme, Comte de Luxébourg, print trois couronnes, l'une à Aix par l'Archeuesque de Coulongne: la seconde, laquelle estoit de fer, à Milan, & la troisieme à Romme. Il tint l'Empire six ans ou enuiron.	114
	Loys, quatrieme, Duc de Bauiere, fut en discord contre Frederic d'Austriche, esleu Empereur: & eurēt ensemble grosse guerre l'espace de huyct ans toutesfois il demoura seul Empereur xxiiii.ās. Finablement il en fut priué par le pape Clement.vi.	115
1347	Charles, quatrieme, filz de l'Empereur Henry, fut par la disposition de Loys de Bauiere faict Empereur. Il eut les trois couronnes comme son ayeul.	116
1379	Vuenceslaus, filz de Charles fut huyct ans Empereur du viuāt de son pere: & aprez sa mort impera encores vingt & deux ans.	117

Catalogue des Empereurs. Fueil. cxix.

Ans de Iesus Christ.		ordre des Emper.
1401	Robert, Duc de Bauiere, & Comte Palatin du Rhin, fut seulement couronné d'vne couronne à Aix. Il tint l'Empire dix ans.	118
1411	Sigismond, filz de Charles, quatrieme, tint l'empire vingt & sept ans.	119
1438	Albert, Duc d'Austriche, & gendre de Sigismond, tint l'Empire deux ans.	120
	Frederic, troisieme, filz de Ernest, Duc d'Austriche, fut couronné a Romme, & tint l'Empire cinquante trois ans & six moys. Il associa auec luy Maximilian son filz, du consentemēt des Electeurs, & tindrent l'empire ensemble sept ans ou enuiron.	121
1486	Maximilian, filz de Frederic, troisieme, auoit par son pere esté associé en l'Empire l'an mil quatre cēs quatre vingtz & six: & par les Electeurs esleu & couronné Roy des Rommains en la ville d'Aix. Il commenca seul a tenir l'Empire lan mil quatre cens nonante trois. & tint l'Empire. xxv. ans.	122
1519	Charels, cinquieme filz de Philippe, Archeduc d'Austriche, lequel estoit filz de l'Empereur Maximilian, fut esleu Roy des Romains, à Francfort. Ceste presente annee que l'on compte mil cinq cens quarante & neuf, est la xxx. de son Empire.	123

Fin du Catalogue des Empereurs.

Fin du present oeuure, Imprimé a
Rouen par Iehā petit, pour Martin le megissier, Libraire tenāt
sa boutique au hault des
degrez du Palais.

1551.

Ordonnons et Commandons a
Nos officiers Judiciaires et Subjectz
de nos Colonies de tenir et faire
a jamais fournir icelles observer

Bref recueil sur la Chronique.

| Ans de Ie- sus Christ | | Ordre des ans. |

BREF RECVEIL DES cas memorables, de puis aduenuz que les Chroniques ont esté dernierement Imprimez a Paris, par Galliot du pré, & a icelles Chroniques par augmeta- tion adioustées, selon l'ordre & suppu- tation du téps, iusques en lan mil cinq centz cinquáte & vn. Ou tous lecteurs trouueront grád plaisir, profit, & aug- mentation de scauoir, s'ilz sont aucu- nement touchez de l'instinct cómun de nostre nature, laquelle induit l'Hóme a la congnoissance & participatió de Sa- pience, & toute honneste science.

EN la fin du moys de May, ſ... ...un on en grande pompe funebre... ...Denis en France, les corps de Françoys premier du nom Roy de fráce, & de Francoys D'aulphin de fráce, & de Charles duc d'Orleans, enfans dudict Roy Francoys. Autant genereulx personnages qu'il en fut onc de leur estat. **1547**

Le ieudy, xvi. iour de Iuing, fut occcis par ag- gression maistre Iehan Moges, lieutenant general du Bailli... ...ainsi qu'il alloit sur sa Mulle de son h... ...eur Hieronyme de sarra- gosa, Sicil... ...a au Roy occasion faire pu- blier vn edict s... ... maniere d'Assasins, sur la forme de les ... ...nder lors de leur meffaict. Lequel seit... ...qu'il donneroit mil escus d'or, à celuy... ...ur apprehender. Iceluy de sarragosa suyuant icelle publication, fut arresté prisonnier à Coulongne sur le Rhin, à la poursuytte d'vn Francoys, qui là estoit, ou quel lieu conuaincu de meurtre & autres meffaictz, il a esté mis sus la Roue, au moys d'Auril, mil cinq centz cinquante & vn.

Au moys de Iuing partirēt de Rouë, xvi. Galleres bien equippez, pour aller en Escosse, ou elles prindrent & pillerent par force d'armes le fort chasteau de Sainct André, qu'auoient occupé par trahison & tenu par force aulcuns traistres Escossoys, tenantz le party des Angloys, & qui auoient au parauant occis, & puis pendu le Cardinal dudict sainct André.

Le dimenche, xvi. iour de Iuillet, se combatirent en duel a pied, l'espee au poing. Guy chabot, seigneur de Gernac, & Frācoys de viuonne seigneur de la Chatignereye, à sainct Germain en Laye, à raison de quelques atroces, iniures, dōt ledict de la Chatignereye auoit chargé l'honneur dudict de Gernac. Auquel combat fut blecé en vne cuysse, ledict seigneur de la Chatigneraye, dont il mourut le iour mesmes.

Et combien qu'audict tēps il n'y eut guerre declarée, toutesfoys les Anglois comme ilz ont d'ancienne coustume, prindrent & pillerent plusieurs nauires sur les frācoys qui de ce ne se doubtoient.

Au moys d'Aoust, retournerent d'Escosse les dictes Galleres, dōt estoit coronal le prieur de Capua, de la maison de Stroxi, florentin: Dedens les dictes Galleres fut rapporté grand butin, auecques plusieurs prisonniers Escassoys, qui tenoient par force ledict Chasteau de S. André. Et par especial celuy qui auoit occis ledict Cardinal.

Le samedy dixieme de Septembre mil cinq cens

sur la Chronique.

| Ans de Ie- | | Ordre |
| sus Christ | | des ans |

quarāte & sept, enuiron les dix heures de matin, le seigneur Pierre Loys, filz du Pape Paul, estant assis en table fut occis à coupz de dague, par les Palauicins, pere & filz, ses grandz domestiques, En parlant auecques le Pere, ce pendans le filz donna lesdictz coupz par derriere. Et pour faire icelle entreprinse, ilz estoient accōpaignez de quarante hōmes, vestuz de robes lōgues, armiez par dessoubz, que lesdictz Palauicins auoient laissez en la Citadelle de plaisance, ou ledict Loys residoit pour lors, & estoient separez par dixaines, à chacune des portes du logis, faignantz de vouloir auoir audience dudict Loys, pour lequel secourir furent lors amassez troys ou quatre de ses domestiques. C'est asçauoir son Chapellain, qui venoit de dire messe, son Chambrier, son Credencier, & quelque nōbre de Todesques de sa garde, à l'entree de ladicte Citadelle. Et aprez l'auoir ainsi tué, le pendirent par vn pied aux creneaulx d'icelle, ou il fut quelque temps iusqu'à ce qu'vn quidam coūppa la chorde, & le feit cheoir dedens les fossez, depuis fut inhumé en vne petite Eglise de Plaisance. Pendāt que tel excez se machinoit, & se mettoit a execution. Dom Ferrand de Gonzaga gouuerneur & lieutenant general a Milan pour l'Empereur, & prince de Malphete, frere puisné du Duc de Mantone, auoit faict passer le Po, contigu de Plaisance, enuiron vn mil. Quelque nōbre d'espaignolz, qu'il auoit à Milan secrettement, & de bande en bande ayant le mot du guet desdictz Palauicins, qu'au son d'vne piece d'artilerie, ilz se d'eussent efforcer entrer dedens la ville, en la quelle ilz entrerent & la gaignerēt, qu'ilz ont tousiours tenue iusques a present.

Et par ceste reuolte pridret depuis plusieurs villes & chasteaulx, Entre aultres Castel Guelphe

Ans de Iesus Christ		Ordre des ans.
	& le bourg Sainct Donin, qu'ilz ont grandement fortifiez, & allerent iusques au prez de Parme, qu'ilz penseret auoir a l'emblee ou par force. Mais le seigneur Camillo Vrsino, capitaine d'icelle, la tousiours deffendue & tenue pour le pape iusque a present, que le pape Iules tiers a baillé au seigneur Octauio Freneze, qui la tient de present, soubz la deuotion du Roy de France.	
	Le Seigneur d'Essay, estoit pour lors lieutenant pour le Roy en Escosse. Auecques lequel s'embarquerent plusieurs gentilz Hommes francoys pour le secours dudict royaume, & pour le debuoir de l'alliance qu'il a d'anciëneté auecques la couronne de france, & y firent les francoys plusieurs beaulx faictz d'armes sur lesdictz Angloys, iusques a gaigner vne bataille contre eulx, n'estant les francoys que de deux a trois mille hômes, & les Angloys de douze a quinze mille.	
	En Octobre le Roy feit deffence a ses subiectz de non prendre ailleurs Sel qu'aux greniers ordinaires sur peine de cinq centz liures tournoys pour la premiere foys, & d'estre pendu pour la seconde foys. Et ou cas ou les delinquentz n'auroient pouuoir de satisfaire a la dicte somme, on leur bailleroit le fouet.	1547
	En la fin d'Octobre fut publiee la côfirmation de la paix entre les Francoys & Angloys, par ce que chacun d'eulx rendroit l'vn a l'autre, ce qu'il auroit pillé & pris l'vn sur l'autre, tant par mer que par terre, dont lesdictz Angloys ont tresmal faict leur debuoir.	
	La court de Parlement de Rouen, durât les vaccations tint les grandz iours a Bayeulx en Normandie, ou elle feit bonnes & briefues executiôs	

sur la Chronique.

Ans de Iesus Christ		Ordre des ans.
	de iustice.	
	Les Anglois entreprindrent faire vn fort prez la ville d'Ardre, qui fut tantost demoly par les Francoys.	1548
	En ce temps quelque cheuaulx legers enuoyez par l'Empereur descouurir les passages, furent deffaictz par les Suisses, prez le lac de Constance.	
	Au moys de Mars le Roy manda aux Bourgoys, marchantz, & habitantz de Rouen, qu'ilz eussent a designer vne place commune ou les marchantz traicteroient de leurs affaires, ainsi qu'ilz ont accoustumé faire a la Bourse d'Enuers, Lestrade de Londres, & change de Lyon, & qu'ilz eussent a luy enuoyer le pourtraict de l'edifice. Leur donnant a entendre, que son vouloir estoit donner priuileges semblables du Change de Lyon, aux marchantz frequentantz ladicte place chacun iour deux foys a certaines heures.	
	En Iuing partirent du Haure de Grace, neuf nauires qui portoient xv. centz lansquenetz. Desquelz estoit coronal le Comte P. aingraue. Et se ioingnantz a aultre grosse armee & compaignie de nauires de guerre equippez & munix de gendarmerie, qui les attendoient en Brethaigne, cinglerent en Escosse, ou ledict Comte Raingraue & sa compaignie feirent de grandes proesses sur lesdictz Anglois. En recongnoissance dequoy, le roy feit depuis cheualier de son ordre ledict côte Raingraue, & luy donna terres & sicfz en Normandie.	
	En Aoust quatre Galeres de Frãce repassantz par la partie du Ouest manche Sainct George, apporterent en France la petite fille & seulle heritiere du deffunct Roy d'Escosse, a present affidee	1548

Bref recueil

Ans de Ieſus Chriſt		Ordre des ans.
	auecques Francoys D'aulphin de France.	
	L'empereur ordonna que tous ſoldatz gendarmes, & capitaines, naturaliſez de ſes pays, menātz la guerre ſoubz aultres princes que ſoubz luy en pays eſtrange, euſſent a eulx retirer en leurs maiſons, et naturel pays, ſur peine de perdre leurs biēs, heritages, & eſtatz.	
	Aultres Galleres de France, retournantz d'Eſcoſſe, pillerent l'Iſle de Man, habitee par les Angloys.	1549
	En ce tēps les Anglois fortifierēt l'Iſle d'Auvigny, pour gueter & empeſcher la nauigatiō des frācoys. Et pour reſiſter a telle entrepriſe les francoys fortifierent l'Iſle de Serq, treſprochaine de Greneſey, & ſi fortifierent la foſſe d'Emonuille, qui eſt en la terre certaine de Normandie, prez du dict Aurigny. Et l'Iſle de bell'iſle, qui ſiet en mer prochaine de Brethaigne.	
	Vn Theſaurier portant la ſolde & paye des ſoldatz & ouuriers qui eſtoient es dictes places pour le Roy, par l'induction des Anglois ſe retira en Angleterre, auec ladicte ſolde.	
	Vn grand nauire nommé la feſcampnoiſe, chargee de munitions & artillerie, pour la fortification deſdictes places francoyſes, perit en mer, prez ladicte iſle de Serq.	1549
	Toſt apres L'entree du Roy & de la Royne, celebree à Paris, oultre l'expectation de tous par Incredible celerité, le Roy aſſembla Gētz de guerre, leſquelz il mena au pays de Boullongnoys, contre les Angloys, ſur leſquelz Il print en moyns de ſix ſepmaines toutes les places qu'ilz auoyēt i'lec fortifiez, reſeruė la ville de Boulōgne, & la tour d'or-	

dre, ou il acquist grand honneur & profit.

Au moys de Iuing, mil cinq cens quarāte neuf, Iacques de Coussy seigneur de Veruin, fut decapité a Paris, & son corps mis en quatre parties, lesquelles auec la teste d'icelluy, furēt portez afficher sur les Rampartz des places fortes, prochaines de ladicte ville de Boulongne, pour auoir rendu ladicte ville aux Angloys. Et pource que Francoys de Rence, complice dudict de Coussy, estoit eschappe a la fuyte, & nauoit peu estre Recouuert, fut par Effigie decapité a paris. Et le seigneur du byez, beau pere dudict de coussy & l'vn des mareschaulx de France, & capitaine dudict Boullongne, pour le mesme cas detenu prisonnier.

Philippe Roy des Espaignes, filz de Charles le quint Empereur, vint d'Espaigne à Gennes, & passant par les Italies & Allemaigne, paruint a l'Empereur son pere, qui lors estoit en Flandres, Au lieu duquel, ledict Empereur enuoya es Espaignes pour vice Roy Maximilian, filz de Ferdinand, Roy de Hongrie son frere. Apres luy auoir donné pour femme, sa fille vniq. Cousine Germaine dudict Maximilian.

Enuiron ce temps, pource que les gens de Guerre trauailloyent fort le peuple en France par pilleries & exactions, furent Estapes ordōnees en Frāce, ou victuailles abondoyent par le moyen des Commissaires a ce deputez, qui faisoyent venir & distribuer viures aux Gentz de Guerre, a prix modere, parquoy & que le Roy auoit augmenté les Gages d'iceulx, l'occasion, de piller & viure sur le commun peuple sans rien payer, leur fut ostée.

Le Iour de la feste du sainct Sacrement mil cinq

1549

Ans de le sus Christ		Ordre des ans.

centz quarante neuf. Le seigneur d'Essay auec huict centz hommes Francoys portez par quatre Galleres francoyses & grand nombre d'Esquifz & petitz basteaulx, força & Emporta d'un seul assault vne petite Isle nommée l'Isle aux cheuaulx situee en mer a vne lieue de l'Islebourg d'Escosse, laquelle les Angloys auoyēt enuahie & fortifiée empeschantz par la, le Commerce & nauigation dudict pays d'Escosse, & la furent conquestez par ledict seigneur six enseignes des ennemys. Peu de temps apres ceste belle victoire reuenant en Frāce, sur ledictes Gallēres fut suyuy des Angloys, lesquelz le voulans aborder mirent le feu aux pouldres de lune de leurs Roberges, laquelle soubdain fut arse en la presence dudict seigneur, qui par ce moyen fut deliure du peril ou il estoit, pour n'estre lors si fort accompaigné que l'ennemy reuint saulement en France deuers le Roy qui le feit cheualier de son ordre auec honnestes recompenses.

Au lieu dudict seigneur d'Essay fut enuoye en Escosse pour Lieutenant du Roy le seigneur de Termes, lequel y feit plusieurs Grandes proesses & conquestes de villes & places sur les Anglois.

En ce temps la contrée d'Angleterre s'arma contre son ieune Prince. Et par icelle emotion ladicte cōmune endommagea fort le territoire d'enuiron Norrouys en Angleterre, ladicte cōmune portoit pour son enseigne vn Calice auec vne hostie. La cause d'emouuoir ledict peuple a sedition estoit, qu'on l'auoit priué de ses communes pastures oscupees par les Gētilz hōmes a faire leurs parcz. Que les eglises abbayes & conuentz auoyent esté demolyes, les biens & reuenu pris & saisis a la 1549

Ans de Iesus Christ		Ordre des ans.
	main du Roy. Les Religieux & Religieuses contrainctz abiurer leur professiō ou vuyder le pays, les cloches, ymages, & aornementz d'eglise vēdux au profit du Roy, dont en a esté apporté grand nōbre en France, les lieux & vaisseaulx sacrez, dediez a vsages prophanes, les ordonnances & ceremonies accoustumees en l'Eglise, mises a nonchalloir & mespriz. Et les mōnoyes depravez & empirez de plus de moytie de loy. Ce que ledict commun peuple vouloit, estre entierement rrintegre en la forme & maniere qu'il estoit enuiron l'an mil quatre cēs lxxx. du regne du Roy Edouard sixieme. Et le Roy d'Angleterre feit diligence d'appoincter auec ladicte commune pour les Francoys & escossoys qui l'oppressoyent pour lors.	
	Le lundy vnzieme iour de Iuillet, partirent du haure de Grace vnze Galleres & douze nauires bien armez & equippez en Guerre, lesquelz à la cōduicte du Prieur de Capua. Au moys d'Aoust ensuyuant se cōbatirent vaillammēt cōtre l'armee d'Angleterre, & a coupz de Canons la feirent eschouer en l'Isle de Grenesey, la y eust plusieurs nauires Angloys prins enfondrez & brisez, & plusieurs des Angloys, occis & noyez, sans le secours et abry que le chasteau dudict Grenesey dōna aux Angloys, il n'en fut eschappé vn seul, l'artillerie dudict chasteau occit & blessa plusieurs Francoys, qui furent prōptemēt apportes a Rouen, dedans vne Gallere, pour les viuantz y traicter, & les mors honorablement en sepulturer.	1549
	Audict moys d'Aoust fut la guerre publiee d'vne part & d'autre entre les Frācoys & Angloys.	

Ans de Ie- sus Christ		Ordre des ans.
	En septembre furent enuoyez quelques vieulx vaisseaulx de nauires & Galleres plains de pierre, pour estoupper le haure de Boulongne, & empescher le nuictuallement d'icelle.	
	Audict moys quelques Galleres estantz au pas de Calais, furēt par vent contraire portez en Zelande, lesquelles a leur retour prindrent deuant Calais quelques nauires Angloys, chargez de gentz de guerre, Cleuoys femmes, & cheuaulx qui venoyent d'Angleterre.	
	Les Cantons de suysse renouuellorent l'alliance, auecques le Roy de France, moyennee par la dexterite du seigneur de liencourt, & de maistre Iaques mesnage, conseiller a Rouen, & maistre des Requestes de l'hostel dudict seigneur, ses Ambassadeurs au pays de Suysse.	1549
	Le dixiesme iour de Nouembre, mil cinq cens quarante neuf, deceda le Pape Paul, troisieme du nom, au lieu duquel enuiron trois moys apres, ensuyuantz, Iules, troisieme du nom fut esleu, lequel estoit auparauant nommé Iehan maria, du mont, Cardinal & Archeuesque Sypontin. Auant la mort duquel Pape Paul, & mesmes tost apres le decez d'icelluy, le Roy ennoya plusieurs des Cardinaulx de France d Romme, pour assister a lestection dudict Iules, lequel a faict publier au moys d'Apuril, mil cinq cens cinquante & vn, la continuation du Sainct concile general, en la ville de Trente, ou il auoit pieca & du temps de Paul dernier esté encommencé.	
	Marguarite de Valloys, Royne de Nauarre sœur vnique, du Roy Francoys, deceda le vnzieme iour de decembre, mil cinq cens quarante neuf, le nom de laquelle est & sera a perpetuité en tous	

sur les Croniques.

Ans de Ie{us Chri{t		Ordre des ans.

lieux celebré, pour le grãd sçauoir & bonnes vertus dont la grace de nostre Seigneur l'auoit sur toutes dames de son estat douée.

Le Roy deffendit exercer l'estat de Iustice, en sa court de Parlement a paris, a maistre Pierres lyset, Frãcoys de sainct André, & Anthoine miguard, presidentz de ladicte court, pour quelque Ambition & preference d'honneur, lesquelx tost apres furent restituez, en leurs premiers estatz, fors ledict lyset, qui fut faict abbé de sainct Victor, lez paris, au lieu duquel maistre Iehan Bertrand, succeda pour premier president.

Au moys de Ianuier, la court de parlement de Bordeaulx, fut rehabilitée, & les conseilliers, qui pour n'auoir donné ordre, à la sedition de la ville, lors & du temps que le seigneur de mounin, lieutenant & commissaire pour le Roy, y fut occis par le commun, auoyent esté suspenduz, furent reuoquez, & remis en leurs estatz, & les conseilliers de diuerses cours de Parlemẽt, qui auoyẽt esté enuoyez a bordeaulx, exercer la Iustice, furent r'enuoyez chacun en leurs maisons.

1550

La monnoye rongnée, fut condamnée a estre cisaillée & mise au billon, dont toutesfois iusques au moys de Decembre, mil cinqcens cinquante, l'usage & traffique fut permitz, Le marc des vielz douzains à quatre liures dixhuict solz, & des nouueaulx douzains a quatre liures quatre solz, le marc. Apres lequel temps ellapse, lesdictes monnoyes rongnees, n'ont plus eu de cours. Ains ont esté appliquees a faire nouuelle monnoye, plusieurs rongneurs de monnoye, & forgeurs de faulce mõnoye, furent punis par Iustice, laquelle a trop tard procede a la correction d'iceulx, lesquelx pour les

Ans de Ie-sus Christ		Ordre des ans.
	auoir trop longuement tollerez & supportez, ont porté vn dommage inestimable & irreparable à la chose publicque Francoyse, par especial au poure peuple, sur lequel toute le perte & dommage decline. Le grand s'espuysant sur le moyen & le moyen sur le petit. Ainsi que les haultes montaignes enuoyēt leurs Inundations sur les petites mōtaignes, lesquelles incontinent renuoyēt pour leur descharge, les rauines par torrentz aux basses vallees dont le plus souuent icelles basses vallees sont submergees & abismees, Et pour plus promptement forger monnoye & en remplir le peuple qui en estoit mal fourny, furēt instituez, nouueaulx mōnoieurs a Caen, & en l'hostel de Neelle à Paris.	1550
	De rechef les Angloys voulurent bastir vn fort entre Guynes & Ardre, & affin que dudict fort ilz peussent descouurir, iusques audict Ardre, ilz essarterēt beaucoup de boys. Mais la garnison d'Ardre demolit ledict fort, print & amena grand nōbre de cheuaulx & charretes, qui transportoyent ledict Boys.	
	André Alciat excellent Iurisconsulte mourut a Padoue lequel tant par lectures publiques, que commentaires, a grandement illustré le droict ciuil & bonnes lettres.	1550
	L'an Iubilé fut celebré a Romme.	
	La paix fut traictee entre les Frācoys Angloys & Escossoys, par ce que chacune desdictes natiōs vēdroit l'vne à l'autre le territoire & fortes places qu'ilz auroyēt entrepris l'vne sur l'autre durant la Guerre & par especial la ville de Boulōgne seroit rendue aux Francoys, pour seureté desquelles choses furent baillees hostages, d'vne part & d'autre de la part des Francoys, allerent pour hostage en	

sur les Chroniques.

Ans de le suss Crist		Ordre des ans
	angleterre le seigneur & Vidame de Chartres.	
	Le filz du seigneur de Montmorency Connestable de France, & le filz du seigneur d'Ennebault, Admiral de france. Ladicte paix fut publiee à Rouë, le premier iour d'Auril, cinq cëtz cinquäte. Et ladicte ville de Boulongne rëdue aux francoys, le xxv. iour dudict moys & an.	
	Le. xv. iour de May ensuyuant, le Roy de france entra dedans Boulongne, ou il presenta en l'Eglise vn grand ymage d'argent, a l'honneur de la vierge Marie.	
	Charles Maximilian Duc d'Angoulesme, filz du Roy, nasquit a sainct Germain en Laye, au moys de Iuillet, & fut baptizé le dernier iour d'Aoust ensuyuant, Et furent ses parrains Maximiliä Roy de Boesme, le Roy de Nauarre, & Renee de Ferrare, Duchesse de Guyse.	
	Iehan Carqcioly Neapolitain, prince de Melphe, lieutenant en Piedmond pour le Roy, deceda, Au lieu duquel succeda le Seigneur de Brissac, qui tost aprex eust quelque escarmouche contre les gentz de L'empereur, a raison d'vne abbaye qu'ilz quereloient entre eulx, & que tenoient par force les Imperiaulx.	1550
	Audict moys de May, cinq centz cinquante, deceda a Neuers de mort subite le Reuerëdissime Cardinal de Lorraine, grand aulmosnier & amateur des gentz doctes. En ce mesme temps alla de vie a decez le noble & vertueux Seigneur de Guyse, frere dudict Cardinal. Aprez auoir faict lotz & partages de ses biens entre ses enfantz, confermez & emologuez depuis au Parlement de Rouen.	

Ans de Iesus Christ		Ordre des ans.
	auoir trop longuement tollerez & supportez, ont porté vn dommage inestimable & irreparable à la chose publicque Francoyse, par especial au poure peuple, sur lequel toute le perte & dommage decline. Le grand s'espuysant sur le moyen & le moyen sur le petit. Ainsi que les haultes montaignes enuoyët leurs Inundations sur les petites mõtaignes, lesquelles incontinent renuoyët pour leur descharge, les rauines par torrentz aux basses vallees dont le plus souuent icelles basses vallees sont submergees & abismees, Et pour plus promptement forger monnoye & en remplir le peuple qui en estoit mal fourny, furët instituez, nouueaulx mõnoieurs a Caen, & en l'hostel de Neelle à Paris	1550
	De rechef les Angloys voulurent bastir vn fort entre Guynes & ardre, & affin que dudict fort ilz peussent descouurir, iusques audict Ardre, ilz essarterët beaucoup de boys. Mais la garnison d'ardre demolit ledict fort, print & amena grand nõbre de cheuaulx & charretes, qui transportoyent ledict Boys.	
	André Alciat excellent Iurisconsulte mourut a Padoue lequel tant par lectures publiques, que commentaires, a grandement illustré le droict ciuil & bonnes lettres.	1550
	L'an Iubilé fut celebré à Romme.	
	La paix fut traictee entre les Frãcoys Angloys & Escossoys, par ce que chacune desdictes natiõs rédroit l'vne à l'autre le territoire & fortes places qu'ilz auroyët entrepris l'vne sur l'autre durant la Guerre & par especial la ville de Boulõgne seroit rendue aux Francoys, pour seureté desquelles choses furent baillees hostages, d'vne part & d'autre de la part des Francoys, allerent pour hostage en	

sur les Chroniques.

Ans de Ie suss Crist		Ordre des ans
	angleterre le seigneur & Vidame de Chartres.	
	Le filz du seigneur de Montmorency Connestable de France, & le filz du seigneur d'Ennebault, Admiral de france. Ladicte paix fut publiee à Rouë, le premier iour d'Auril, cinq cētz cinquāte. Et ladicte ville de Boulongne rēdue aux francoys, le xxv. iour dudict moys & an.	
	Le. xv. iour de May ensuyuant, le Roy de france entra dedans Boulongne, ou il presenta en l'Eglise vn grand ymage d'argent, a l'honneur de la vierge Marie.	
	Charles Maximilian Duc d'Angoulesme, filz du Roy, nasquit a sainct Germain en Laye, au moys de Iuillet, & fut baptizé le dernier iour d'Aoust ensuyuant, Et furent ses parrains Maximiliā Roy de Boesme, le Roy de Nauarre, & Renee de Ferrare, Duchesse de Guyse.	
	Iehan Caracioly Neapolitain, prince de Melphe, lieutenant en Piedmond pour le Roy, deceda, Au lieu duquel succeda le Seigneur de Brissac, qui tost aprex eust quelque escarmouche contre les gentz de L'empereur, a raison d'vne abbaye qu'ilz queteloient entre eulx, & que tenoient par force les Imperiaulx.	1550
	Audict moys de May, cinq centz cinquante, deceda a Neuers de mort subite le Reuerēdissime Cardinal de Lorraine, grand aulmosnier & amateur des gentz doctes. En ce mesme temps alla de vie a decez le noble & vertueux Seigneur de Guyse, frere dudict Cardinal. Aprex auoir faict lotz & partages de ses biens entre ses enfantz, confermez & emologuez, ouis au Parlement de Rouen.	

Le vendredy, xxvii. dudict moys de May, le Bâ-
fileul escripuain, fut bruslé tout vif a Rouen, &
deux aultres auecques luy executez par iustice, l'vn
par le feu, l'aultre par la corde, et autres iusques au
nombre de dix presens ausdictes executions, aprez
auoir faict reparatiō honorable, furēt fustiguez, &
bannys, pour plusieurs heresies & enormes blas-
phemes, dont ilz estoient chargez & conuaincuz.

Le lundy, xxv. iour d'Aoust deceda a Vigny,
Georges d'Amboyse, Cardinal & Archeuesque
de Rouen, deuxieme du nom, dernier hoir masle de
la maison des Amboises.

Charles de Bourbon Cardinal, frere du Duc de
Vandosme, par le vouloir du Roy, succeda audict
d'Amboyse, en l'archeuesché de Rouen, ainsi que
n'agueres il auoit succedé en l'Abbaye de Sainct
Ouen dudict Rouen, aprez le decez dudict Cardinal de Lorraine.

Au moys de Septembre, les Galleres de france
rapporterent d'Escosse en france, la Royne douai-
riere d'Escosse, fille dudict seigneur de Guyse, laquelle fut honorablement receue. Le, xxv. iour dudict moys, par les Bourgoys de Rouen.

Le lundy, xv. iour dudict moys de Septembre, le
dict defunct Cardinal d'Amboyse, fut honorablement inhumé en son Eglise cathedrale de Rouë, en
la riche sepulture ou Mauseole, cōstruict d'ouurage
& artifice tresexcellēt. Lequel et la pyramide, que
ledict cardinal d'amboyse a faict bastir a ses despēs
sur ladicte eglise, sont dignes d'estre nōbrez entre
les ouurages miraculeuses du monde, pour leur
beauté & magnifique structure.

La vigille & iour sainct Michel, le Roy feist cele-
brer en l'Abbaye de S. Ouen de Rouë, le seruice et

ceremonie, des cheualiers de l'ordre S. Michel ou le côte de Raingraue fut faict cheualier de l'ordre.

Le premier iour d'octobre, le Roy feit son entree à Rouen, ou il fut honorablement & en grād apparat Receu des habitans d'icelle ville, dont ledict seigneur & les Princes & seigneurs de sa court, furēt moult cōtentz, estimās oultre la magnificēce de la ville, & la volūté & deuotiō singuliere quelle a enuers son souuerain seigneur, faisant pour l'exaltatiō, & grādeur d'icelluy, et en memoire de ses recōmendables, & heroiques vertuz, triumphe tel que de nostre memoire, n'en a esté veu vn pareil en toute l'europe, mesuratz les bourgeoys d'icelle ville, non leur puissance, ains les merites de leur Prince.

Le lendemain la Royne feit son entree en ladicte ville de Rouen, ou elle fut receue des habitās en semblable apparat magnificence & triumphe.

Apres auoir seiourné huict iours a Rouen, trescontent des habitans d'icelle, le Roy s'en alla faire son entree a Dieppe, ou il feit bastir vn aultre fort prez le chasteau, Puis feit son entree au haure de grace, ou il feit coupper & accourfir la ville Francoyse de grace, qui estoit en figure triāgulaire du costé de Harrefleu, & si y feit bastir cinq Grandz nauires & deux a tanqueruille & trois d'excellente grandeur a Brest en Bretaigne.

Enuirō ce temps, l'Empereur feit mettre le siege deuant la ville de Bresme en Alemaigne, ou son armee fut long temps deuant, auec peu de profit pource fut contrainct quicter la place.

Le samedy dernier iour de Ianuier, les marchādz et habitātz a Rouen cōmēcerēt a frequēter vne place & lieu cōmū prez le cōuēt des Cordeliers, pour en icelle deux foys le iour traicter de leurs affaires

1550

1551

Ans de le fuz Christ		Ordre des ans.
	ainsi cōme au change de Lyon Estrade de Londres & bourse d'Enuers, suyuant le vouloir du Roy, Laquelle place a esté par les marchantz nommée la Conuention de Rouen, Chose tresprofitable au bien public, & qui seullement defailloit, pour rendre ladicte ville pareille a la plus opulēte & meilleure ville qui soit au monde, pour les grandes commoditez qui affluent en elle, par le commerce tant de mer que de terre, prouenāt d'estrāges & loingtaines nauigations.	
	Au moys de mars, mil cinq cens cinquante & vn, Symon turquy marchāt Luquoys, Inuita en sa maison d'Enuers Hieronyme Deodato, aussy marchāt luquoys & facteur du seigneur Bonuysy Italian: lequel turquy pour quelque inimitie cachee qu'il tenoit contre ledict deodato feit asseoir dedās vne chaire qu'il auoit faict cōstruire tout a propotz de tel artiffice, que si tost que ledict deodato fut dedans ladicte chaire par engins le serra si fort, qu'il ne s'en eust peu tirer, par ce en telle captiuité detenu, fut ledict deodato occis par icelluy turquy, à la complicité & ayde de Iules son seruiteur; lequel delict fut tantost decelé, & pour icelluy ledict turquy fut bruslé tout vif didās ladicte chaire. Neque enim lex iustior vlla est, Quam necis artifices, arte perire sua.	1551
	Les Galleres qui estoyent durant la Guerre en grand nombre pour hyuerner a Rouen, aulcunes furent desarmez, aultres furent ennoyez aux haures de Grace & d'Embleteuil prez Boulongne, pour employer les forsaires aux ouurages desdictes places.	
	Fin.	

www.ingramcontent.com/pod-product-compliance
Lightning Source LLC
Chambersburg PA
CBHW050343170426
43200CB00009BA/1711